春秋左傳

（第一册）

电子科技大学出版社

图书在版编目（CIP）数据

春秋左传：全3册／(春秋)左丘明著；(明)孙月峰批点．-- 成都：电子科技大学出版社，2017.10
ISBN 978-7-5647-5229-3

Ⅰ．①春… Ⅱ．①左… ②孙… Ⅲ．①中国历史－春秋时代②《左传》－注释 Ⅳ．①K225.04

中国版本图书馆CIP数据核字(2017)第257670号

春秋左传（全3册）

（春秋）左丘明 著 （明）孙月峰 批点

策划编辑 刘 愚 杜 倩
责任编辑 杜 倩

出版发行 电子科技大学出版社
成都市一环路东一段159号电子信息产业大厦九楼 邮编 610051
主　　页 www.uestcp.com.cn
服务电话 028-83203399
邮购电话 028-83201495

印　　刷 虎彩印艺股份有限公司
成品尺寸 185 mm×260 mm
印　　张 93.5
字　　数 750千字
版　　次 2017年10月第1版
印　　次 2017年10月第1次印刷
书　　号 ISBN978-7-5647-5229-3
定　　价 2400.00（全3册）

出版説明

現代漢語用『圖書』表示文獻的總稱，這一稱謂可以追溯到古史傳説時代的河圖、洛書。在從古到今的文化史中，圖像始終承擔着重要的文化功能。傳説時代的大禹『鑄鼎象物』，將物怪的形象鑄到鼎上，使『民知神奸』。在《周易》中也有『制器尚象』之説。一般而論，文化生活皆有與之對應的物质層面的表現。在中國古代文獻研究活動中，學者也多注意器物、圖像的研究，如《詩》中的草木、鳥獸，《山海經》中的神靈物怪，《禮儀》中的禮器、行禮方位等，學者多畫爲圖像，與文字互相印證，成爲經學研究中的『圖説』類著述。至宋元以後，庶民文化興起，出版業高度發達，版刻印刷益發普及，在普通文獻中也逐漸出現了圖像資料，其中廣泛地涉及植物、動物、日常的物質生產程序與工具、平民教化等多個方面，其中流傳至今者，是我們瞭解古代文化的重要憑藉，通過這些圖文並茂的文本，讀者可以獲得對古代文化生動而直觀的感知。爲了方便讀者閱讀，我們將古代文獻中有關圖像、版畫、彩色套印本等文獻輯爲叢刊正式出版。

本編選目兼顧文獻學、古代美術、考古、社會史等多個種類，範圍廣泛，版本選擇也兼顧了古代東亞地區漢文化圈的範圍。圖像在古代社會生活中的一大作用爲促進平民教化，即古人所謂的『圖像古昔，以當箴規』，（語出何宴《景福殿賦》）明清以來，民間勸善之書，如《陰騭文》《閨范》等，皆有圖解，其中所宣揚的古代道德意識中的部分條目固然爲我們所不取，甚至應該是批判的對象，但其中多有精美的版畫，除了作爲古代美術史文獻以外，也可由此考見古代一般平民的倫理意識，實爲社會史研究的重要材料。

本編擬目涉及多種類型的文獻，兹輯爲叢刊，然亦以單種別行為主，只有部分社會史性質的文本，因爲篇卷無多，若獨立成册則面臨裝幀等方面的困難，則取同類文本合爲一册。文獻卷首都新編了目録以便檢索，但爲了避免與書中内容大量重複，無謂地增加篇幅，有部分新編目録較原書目録有所簡略，也有部分文本性質特殊，原書中本無卷次目録之類，則約舉其要，新擬條目，其擬議未必全然恰當。所有文獻皆影印，版式色澤，一存古韻。

#《春秋左傳》總目錄

十五卷（宋）孫月峰 批點 明萬曆四十四年閔齊伋朱墨套印本

第一册

傳序……一
氏家刻分次春秋左傳凡例……一五
氏家刻分次春秋左傳目……二一
春秋左傳 隱公……二三
春秋左傳 恒公……六七
春秋左傳 莊公……一一三
春秋左傳 閔公……一七一
春秋左傳 僖公……一八五
春秋左傳 文公……三二七

春秋左傳　宣公……四一三

第二册

春秋左傳　成公……一
春秋左傳　襄公（上）……一二七
春秋左傳　襄公（下）……二六去
春秋左傳　昭公（上）……四〇九

第三册

春秋左傳　昭公（中）……一
春秋左傳　昭公（下）……一一七
春秋左傳　定公……二三三
春秋左傳　哀公……三〇三

第一册目録

傳序……一
氏家刻分次春秋左傳凡例……一五
氏家刻分次春秋左傳目……二一
春秋左傳　隱公……二三
春秋左傳　恒公……六七
春秋左傳　莊公……一一三
春秋左傳　閔公……一七一
春秋左傳　僖公……一八五
春秋左傳　文公……三三七
春秋左傳　宣公……四一三

孫月峰先生左評分次經

傳序

春秋志憤也經何言乎志憤也

憤莫大於刑刑莫大於亂臣賊

子故以萬六千六百七十二字

時寄一憤以繩檢二百四十二年之間此春秋之所爲刑書也孔子脩春秋使子夏等十四人求周史記得寶書又魯君資孔子之周問老聃觀書於柱下春

秋成以授左丘明丘明躬為魯太史博綜諸故籍而以憤世為救世之具此脉則得之孔氏心眼通靈照攝千古故其狀君子若入其純忠懇義之衷狀奸逆

若睨其陰畫腹箕遂邪無欲之初狀理道若貫綜其冥默往渡消長天人之際他若言戰猶在軍言禮儀為償言占對不啻口出言禱筮妖邪等之我居蓍蔡

身尸鬼神矣宜淺之讀者可游目鼓喙而領含之者頤二千年来人不勝書〻不勝沒〻也何幸當戒世而有心眼通靈之月峯先生也先生才駕隆古胤接

大忠有先世之憤每謂文章之法盡於經矣而讀左傳似無所得晚年得力㝡深其批評之處妙入神解想當染翰撰隱正類法家推勘追前心之所從來獲

淺藝之所從出臠剔腴敗示人
吐茹始覺一手氣有登降千秋
隻眼到此獨開使人一展卷須
便疑身是古人眼作古見蒼茫
見古天地炤爛見古日月紛遝

見古君公卿佐賢傑士女若與
謦欬相周旋也者先生良工心
苦哉至音在懸應和尤捷浚有
吾鄉閔赤如遇五用和昆逆手
翔分次經傳特受先生之許以

朱副墨一覽犂然經傳籍題評
開前古之新題評翼多次樹今
日之古余獲之不滅貫達劉兆
朱墨經傳也因念霅水一衣帶
何名儁之夥而於春秋獨拳拳

也無論齊梁之有隱侯文阿咸
以義疏爲類達所收佐纂正義
即諸傳記所載春秋僅數十家
吾宗更有張嘉父通訓章茂深
類事始末沈存中世次名氏諸

譜及葉石林傳考與讞各有三
種若文伯誤名為棐著有比事
崔彥直雖籍涪陵詔下湖州取
其例要後先昭著已据六人令
亦如昆友溲以分次題評擅有

其一噫何雲水一衣帶而名雋之彩於春秋獨拳拳也僕本憤人生憤憤世每憤正士道消是非瀾倒卒莫抵極自對此書覺窓雲似為變虹夜篝於以結暈

和瀋漬筆梗澁不能下安淂素王素臣湲生此時共提七寸之管袞者袞鉞者鉞使白簡青史如孫先生朱墨之清明敢死不恨矣

萬曆丙辰仲秋西吴後學韓敬

譔

閔氏家刻分次春秋左傳凡例

按左氏之傳春秋也經自爲經傳自爲傳未始相配合也晉杜元凱始分經麗傳列一年之經於前而傳則總係於後宋林唐翁復於傳內每事加圈以別之覽者殆如列眉矣然以一年之經傳相麗又不若一經一傳者鱗次櫛比無復渾淆則又以補元凱唐翁所未逮耳忘其癖者敢正大方

一春秋大全及四傳諸刻已舉傳文分屬各經下

則今日之分次亦非僭爲割裂矣但前刻皆主胡氏傳而析左以附之零星破裂前後倒置其先經後經依經錯經之義竟爾不顯今悉以左氏傳文爲主而依經之次第以分綴焉有經文在前而傳在後者亦有經文在後而傳在前者考之杜本係是傳誤則移以比經其或從告從赴不同及事之始終顛末不齊者則仍舊兩列不敢強合也其有經文數條而事本一節傳文亦自聯絡成篇則總冠經於前而列傳於後不

敢細爲分裂以失作者之意

一舊本有經無傳者下註無傳二字今每經自書一行傳則另起行低一字無傳則以他經另起閱者無不了然也其數經一傳者則聯書相接但每經空一字以隔之閱者未睹傳而已知爲一事矣

一舊本有傳無經者上書附錄二字此始於大全也大全以胡傳爲主而左氏之無經者無所歸着故以附錄標之謂附於胡傳後也而於左氏

本傳亦稱附錄可乎況有立案以起後完案以
終前或一事而前後過接相爲照應立意之妙
正在於此今於此此類悉另起而上加一圈以表
無經
一時刻字畫訛謬不可勝指今以古本訂定而作
書悉正於說文時習之謬無不滌去
一左傳有語意深奧及故實隱僻者非註不可但
他本即以註語嵌入本文亦有義本易明反多
贅附瑣屑甚矣今每傳摘其難解者考定註釋

字音間以已見相正名曰左傳音釋另爲一帙附于卷後以便考究其淺易者悉不錄

一傳中人物或稱名或稱字或稱氏或以謚爵或以食邑前後互見難以記臆舊有名號歸一圖讀者誠便今復加參訂以附於後

一左傳一書膾炙千古無容贅矣但從來評隲率多豔稱而其中頭緒貫串之妙及立意擴辭命句拈字情態萬出未有能纖悉曲折窮其神者至其瑕瑜不相掩處尤槩置不較大司馬孫月

峰先生研幾索隱句字不漏其所指摘處更無不透入淵微豈唯後學之指南即起盲史而面證之當亦有心契者家翁次兄爲水部留都時遂得手受於先生不敢自秘用以公之同好

一舊刻凡有批評圈點者俱就原板墨印藝林厭之今另刻一板經傳用墨批評以朱校讎不啻三五而錢刀之靡非所計矣置之帳中當不無心賞其初學課業無取批評則有墨本在

吳興閔齊伋識

閔氏分次春秋左傳目

隱公第一
桓公第二
莊公第三
閔公第四
僖公第五
文公第六
宣公第七
成公第八

襄公上第九
襄公下第十
昭公上第十一
昭公中第十二
昭公下第十三
定公第十四
哀公第十五

自此起至攝也總是釋不書即位之義文氣甚貫宜附元年經後不宜止躐傳元年字截置經前

春秋左傳　孫月峯先生批點

隱公

○惠公元妃孟子孟子卒繼室以聲子生隱公宋武公生仲子仲子生而有文在其手曰爲魯夫人故仲子歸于我生桓公而惠公薨是以隱公立而奉之

元年春王正月

元年春王周正月不書即位攝也

三月公及邾儀父盟于蔑

平〻敍去不弄奇然濃㽞可掬蓋只是淨鍊

用修謂生于而開目者為寤生或逆是義邑界往字然在今時則

三月公及邾儀父盟于蔑邾子克也未王命故不書爵曰儀父貴之也公攝位而欲求好於邾故爲蔑之盟

○夏四月費伯帥師城郎不書非公命也

夏五月鄭伯克段于鄢

初鄭武公娶于申曰武姜生莊公及共叔段莊公寤生驚姜氏故名曰寤生遂惡之愛共叔段欲立之亟請於武公公弗許及莊公卽位爲之請制公曰制巖邑也虢叔死焉他邑唯命請京

章法

簡核無剩字

章法

此却又有態

使居之謂之京城大叔祭仲曰都城過百雉國之害也先王之制大都不過參國之一中五之一小九之一今京不度非制也君將不堪公曰姜氏欲之焉辟害對曰姜氏何厭之有不如早爲之所無使滋蔓蔓難圖也蔓草猶不可除況君之寵弟乎公曰多行不義必自斃子姑待之既而大叔命西鄙北鄙貳於已公子呂曰國不堪貳君將若之何欲與大叔臣請事之若弗與則請除之無生民心公曰無庸將自及大叔又

冬十有二月祭伯來
十二月祭伯來非王命也
公子益師卒
衆父卒公不與小斂故不書日
二年春公會戎于潛
二年春公會戎于潛脩惠公之好也戎請盟公
辭
夏五月莒人入向
莒子娶于向向姜不安莒而歸夏莒人入向以

乃旦反元求微

辭命

其誰曰不然今亦用得可獻

中外字有分曉此敘法亦奇然非今時所尚

公賜之食食舍肉公問之對曰小人有母皆嘗小人之食矣未嘗君之羹請以遺之公曰爾有母遺繄我獨無穎考叔曰敢問何謂也公語之故且告之悔對曰君何患焉若闕地及泉隧而相見其誰曰不然公從之公入而賦大隧之中其樂也融融姜出而賦大隧之外其樂也洩洩遂爲母子如初君子曰穎考叔純孝也愛其母施及莊公詩曰孝子不匱永錫爾類其是之謂乎

由不義致不暱

解經簡明有法

鄭之也杜註段實出奔而以克爲文明鄭伯志在於殺難言其奔辭未快難言

收貳以爲己邑至于廩延子封曰可矣厚將得衆公曰不義不暱厚將崩大叔完聚繕甲兵具卒乘將襲鄭夫人將啓之公聞其期曰可矣命子封帥車二百乘以伐京京叛大叔段段入于鄢公伐諸鄢五月辛丑大叔出奔共書曰鄭伯克段于鄢段不弟故不言弟如二君故曰克稱鄭伯譏失教也謂之鄭志不言出奔難之也遂寘姜氏于城潁而誓之曰不及黃泉無相見也

遠伏

既而悔之潁考叔爲潁谷封人聞之有獻於公

及宋人盟于宿始通也

○冬十月庚申改葬惠公公弗臨故不書惠公之薨也有宋師太子少葬故有闕是以改葬衛侯來會葬不見公亦不書

○鄭共叔之亂公孫滑出奔衛衛人爲之伐鄭取廩延鄭人以王師虢師伐衛南鄙請師於邾邾子使私於公子豫豫請往公弗許遂行及邾人鄭人盟于翼不書非公命也

○新作南門不書亦非公命也

全重經文

秋七月天王使宰咺來歸惠公仲子之賵

秋七月天王使宰咺來歸惠公仲子之賵緩且子氏未薨故名天子七月而葬同軌畢至諸侯五月同盟至大夫三月同位至士踰月外姻至贈死不及尸弔生不及哀豫凶事非禮也

○八月紀人伐夷夷不告故不書

○有蜚不爲災亦不書

九月及宋人盟于宿

惠公之季年敗宋師于黃公立而求成焉九月

姜氏還

無駭帥師入極

司空無駭入極費庈父勝之

秋八月庚辰公及戎盟于唐

戎請盟秋盟于唐復脩戎好也

九月紀裂繻來逆女

九月紀裂繻來逆女卿爲君逆也

冬十月伯姬歸于紀

紀子帛莒子盟于密

冬紀子帛莒子盟于密魯故也

十有二月乙卯夫人子氏薨

鄭人伐衛

鄭人伐衛討公孫滑之亂也

三年春王二月己巳日有食之

三月庚戌天王崩

三年春王三月壬戌平王崩赴以庚戌故書之

夏四月辛卯君氏卒

夏君氏卒聲子也不赴于諸侯不反哭于寢不

不講名分都只論質之益盖有人祇賢良是菜器才即是本字不若上

祔于姑故不曰薨不稱夫人故不言葬不書姓爲公故曰君氏

○鄭武公莊公爲平王卿士王貳于虢鄭伯怨王王曰無之故周鄭交質王子狐爲質於鄭鄭公子忽爲質於周王崩周人將畀虢公政四月鄭祭足帥師取溫之麥秋又取成周之禾周鄭交惡君子曰信不由中質無益也明恕而行要之以禮雖無有質誰能閒之苟有明信澗谿沼沚之毛蘋蘩薀藻之菜筐筥錡釜之器潢汙行潦

句有韵

調亦好

收句勁削但照字於今亦為病

辭令

着色語

之水可薦於鬼神可羞於王公而況君子結二國之信行之以禮又焉用質風有采蘩采蘋雅有行葦泂酌昭忠信也

秋武氏子來求賻

武氏子來求賻王未葬也

八月庚辰宋公和卒

宋穆公疾召大司馬孔父而屬殤公焉曰先君舍與夷而立寡人寡人弗敢忘若以大夫之靈得保首領以沒先君若問與夷其將何辭以對

可不務乎於今最爲常語然此處用来原自精無力上意已盡其無廢句明受重出然都有勢鵬尾一折決起數丈

請子奉之以主社稷寡人雖死亦無悔焉對曰羣臣願奉馮也公曰不可先君以寡人爲賢使主社稷若弃德不讓是廢先君之舉也豈曰能賢光昭先君之令德可不務乎吾子其無廢先君之功使公子馮出居於鄭八月庚辰宋穆公卒殤公即位君子曰宋宣公可謂知人矣立穆公其子饗之命以義夫商頌曰殷受命咸宜百祿是荷其是之謂乎

冬十有二月齊侯鄭伯盟于石門

此是為州吁弑君傳宜入在經四年後蓋原非三年事也

冬齊鄭盟于石門尋盧之盟也庚戌鄭伯之車僨于濟（字法）

癸未葬宋穆公

○衛莊公娶于齊東宮得臣之妹曰莊姜美而無子衛人所爲賦碩人也又娶于陳曰厲嬀生孝伯早死其娣戴嬀生桓公莊姜以爲己子公子州吁嬖人之子也有寵而好兵公弗禁莊姜惡之石碏諫曰臣聞愛子教之以義方弗納於邪驕奢淫泆所自邪也四者之來寵祿過也將立

頂針句在今人獄

州吁乃定之矣若猶未也階之爲禍夫寵而不驕驕而能降降而不憾憾而能眕者鮮矣且夫賤妨貴少陵長遠閒親新閒舊小加大淫破義所謂六逆也君義臣行父慈子孝兄愛弟敬所謂六順也去順效逆所以速禍也君人者將禍是務去而速之無乃不可乎弗聽其子厚與州吁游禁之不可桓公立乃老

四年春王二月莒人伐杞取牟婁

戊申衛州吁弑其君完

四年春衛州吁弒桓公而立

夏公及宋公遇于清

公與宋公爲會將尋宿之盟未及期衛人來告亂夏公及宋公遇于清

宋公陳侯蔡人衛人伐鄭

宋殤公之即位也公子馮出奔鄭鄭人欲納之及衛州吁立將脩先君之怨於鄭而求寵於諸侯以和其民使告於宋曰君若伐鄭以除君害君爲主敝邑以賦與陳蔡從則衛國之願也宋

一段論一州吁作四節相錯最錬有態

人許之於是陳蔡方睦於衛故宋公陳侯蔡人衛人伐鄭圍其東門五日而還公問於衆仲曰衛州吁其成乎對曰臣聞以德和民不聞以亂以亂猶治絲而棼之也夫州吁阻兵而安忍阻兵無衆安忍無親衆叛親離難以濟矣夫兵猶火也弗戢將自焚也夫州吁弑其君而虐用其民於是乎不務令德而欲以亂成必不免矣

秋翬帥師會宋公陳侯蔡人衛人伐鄭

秋諸侯復伐鄭宋公使來乞師公辭之羽父請

以師會之公弗許固請而行故書曰翬帥師疾之也諸侯之師敗鄭徒兵取其禾而還

九月衞人殺州吁于濮

州吁未能和其民厚問定君於石子石子曰王覲爲可曰何以得覲曰陳桓公方有寵於王陳衞方睦若朝陳使請必可得也厚從州吁如陳石碏使告于陳曰衞國褊小老夫耄矣無能爲也此二人者實弒寡君敢卽圖之陳人執之而請涖于衞九月衞人使右宰醜涖殺州吁于濮

此等語為若生熟誦便覽陳

石碏使其宰獳羊肩涖殺石厚于陳君子曰石碏純臣也惡州吁而厚與焉大義滅親其是之謂乎

冬十有二月衛人立晉

衛人逆公子晉于邢冬十二月宣公即位書曰衛人立晉衆也

五年春公矢魚于棠

五年春公將如棠觀魚者臧僖伯諫曰凡物不足以講大事其材不足以備器用則君不舉焉

有關係者是軌備寔用者是物

此器用字說駁

君將納民於軌物者也故講事以度軌量謂之軌取材以章物采謂之物不軌不物謂之亂政亂政亟行所以敗也故春蒐夏苗秋獮冬狩皆於農隙以講事也三年而治兵入而振旅歸而飲至以數軍實昭文章明貴賤辨等列順少長習威儀也鳥獸之肉不登於俎皮革齒牙骨角毛羽不登於器則公不射古之制也若夫山林川澤之實器用之資皁隸之事官司之守非君所及也公曰吾將略地焉遂往陳魚而觀之僖

伯稱疾不從書曰公矢魚于棠非禮也且言遠
地也
○曲沃莊伯以鄭人邢人伐翼王使尹氏武氏助
之翼侯奔隨
夏四月葬衛桓公
夏葬衛桓公衛亂是以緩
○四月鄭人侵衛牧以報東門之役衛人以燕師
伐鄭鄭祭足原繁洩駕以三軍軍其前使曼伯
與子元潛軍軍其後燕人畏鄭三軍而不虞制

人六月鄭二公子以制人敗燕師于北制君子
曰不備不虞不可以師
○曲沃叛王秋王命虢公伐曲沃而立哀侯于翼
秋衛師入郕
衛之亂也郕人侵衛故衛師入郕
九月考仲子之宮初獻六羽
九月考仲子之宮將萬焉公問羽數於衆仲對
曰天子用八諸侯用六大夫四士二夫舞所以
節八音而行八風故自八以下公從之於是初

獻六羽始用六佾也

邾人鄭人伐宋

宋人取邾田邾人告於鄭曰請君釋憾於宋敝邑爲道鄭人以王師會之伐宋入其郛以報東門之役宋人使來告命公聞其入郛也將救之問於使者曰師何及對曰未及國公怒乃止辭使者曰君命寡人同恤社稷之難今問諸使者曰師未及國非寡人之所敢知也

螟

冬十有二月辛巳公子彄卒

冬十二月辛巳臧僖伯卒公曰叔父有憾於寡人寡人弗敢忘葬之加一等

宋人伐鄭圍長葛

宋人伐鄭圍長葛以報入郛之役也

六年春鄭人來渝平

六年春鄭人來渝平更成也

○翼九宗五正頃父之子嘉父逆晉侯于隨納諸鄂晉人謂之鄂侯

似謂實作難

夏五月辛酉公會齊侯盟于艾

夏盟于艾始平于齊也

○五月庚申鄭伯侵陳大獲往歲鄭伯請成于陳陳侯不許五父諫曰親仁善鄰國之寶也君其許鄭陳侯曰宋衛實難鄭何能爲遂不許君子曰善不可失惡不可長其陳桓公之謂乎長惡不悛從自及也雖欲救之其將能乎商書曰惡之易也如火之燎于原不可鄉邇其猶可撲滅周任有言曰爲國家者見惡如農夫之務去草

焉芟夷蘊崇之絕其本根勿使能殖則善者信
矣

秋七月

冬宋人取長葛

秋宋人取長葛

○冬京師來告饑公爲之請糴於宋衛齊鄭禮也

○鄭伯如周始朝桓王也王不禮焉周桓公言於
王曰我周之東遷晉鄭焉依善鄭以勸來者猶
懼不蔇況不禮焉鄭不來矣

七年春王三月叔姬歸于紀

滕侯卒

七年春滕侯卒不書名未同盟也凡諸侯同盟於是稱名故薨則赴以名告終稱嗣也以繼好息民謂之禮經

夏城中丘

夏城中丘書不時也

齊侯使其弟年來聘

齊侯使夷仲年來聘結艾之盟也

秋公伐邾

秋宋及鄭平七月庚申盟于宿公伐邾爲宋討

也

冬天王使凡伯來聘　戎伐凡伯于楚丘以歸

初戎朝于周發幣于公卿凡伯弗賓冬王使凡

伯來聘還戎伐之于楚丘以歸

○陳及鄭平十二月陳五父如鄭涖盟壬申及鄭

伯盟歃如忘洩伯曰五父必不免不賴盟矣鄭

良佐如陳涖盟辛巳及陳侯盟亦知陳之將亂

也

○鄭公子忽在王所故陳侯請妻之鄭伯許之乃成昏

八年春宋公衞侯遇于垂

八年春齊侯將平宋衞有會期宋公以幣請於衞請先相見衞侯許之故遇于犬丘

三月鄭伯使宛來歸祊

鄭伯請釋泰山之祀而祀周公以泰山之祊易許田三月鄭伯使宛來歸祊不祀泰山也

庚寅我入祊

○夏虢公忌父始作卿士于周

○四月甲辰鄭公子忽如陳逆婦嬀辛亥以嬀氏歸甲寅入于鄭陳鍼子送女先配而後祖鍼子曰是不爲夫婦誣其祖矣非禮也何以能育

夏六月巳亥蔡侯考父卒

辛亥宿男卒

秋七月庚午宋公齊侯衛侯盟于瓦屋

齊人卒平宋衛于鄭秋會于温盟于瓦屋以釋

東門之役禮也

八月葬蔡宣公

○八月丙戌鄭伯以齊人朝王禮也

九月辛卯公及莒人盟于浮來

公及莒人盟于浮來以成紀好也

螟

○冬齊侯使來告成三國公使衆仲對曰君釋三國之圖以鳩其民君之惠也寡君聞命矣敢不承受君之明德

冬十有二月無駭卒

無駭卒羽父請謚與族公問族於衆仲衆仲對曰天子建德因生以賜姓胙之土而命之氏諸侯以字爲謚因以爲族官有世功則有官族邑亦如之公命以字爲展氏

九年春天王使南季來聘

三月癸酉大雨震電庚辰大雨雪

九年春王三月癸酉大雨霖以震書始也庚辰大雨雪亦如之書時失也凡雨自三日以往爲

霖平地尺爲大雪

挾卒

夏城郎

夏城郎書不時也

秋七月

○宋公不王鄭伯爲王左卿士以王命討之伐宋宋以入郛之役怨公不告命公怒絕宋使秋鄭人以王命來告伐宋

冬公會齊侯于防

冬公會齊侯于防謀伐宋也

○北戎侵鄭鄭伯禦之患戎師曰彼徒我車懼其侵軼我也公子突曰使勇而無剛者嘗寇而速去之君爲三覆以待之戎輕而不整貪而無親勝不相讓敗不相救先者見獲必務進進而遇覆必速奔後者不救則無繼矣乃可以逞從之戎人之前遇覆者奔祝聃逐之衷戎師前後擊之盡殪戎師大奔十一月甲寅鄭人大敗戎師

十年春王二月公會齊侯鄭伯于中丘

十年春王正月公會齊侯鄭伯于中丘癸丑盟

于鄧爲師期

夏翬帥師會齊人鄭人伐宋

夏五月羽父先會齊侯鄭伯伐宋

六月壬戌公敗宋師于菅　辛未取郜辛巳取防

六月戊申公會齊侯鄭伯于老桃壬戌公敗宋師于菅庚午鄭師入郜辛未歸于我庚辰鄭師入防辛巳歸于我君子謂鄭莊公於是乎可謂正矣以王命討不庭不貪其土以勞王爵正之

禮也

○蔡人衛人郕人不會王命

秋宋人衛人入鄭宋人蔡人衛人伐戴鄭伯伐取之

秋七月庚寅鄭師入郊猶在郊宋人衛人入鄭蔡人從之伐戴八月壬戌鄭伯圍戴癸亥克之取三師焉宋衛既入鄭而以伐戴召蔡人蔡人怒故不和而敗

○九月戊寅鄭伯入宋

精簡有韻

辭命

冬十月壬午齊人鄭人入郕

冬齊人鄭人入郕討違王命也

十有一年春滕侯薛侯來朝

十一年春滕侯薛侯來朝爭長薛侯曰我先封滕侯曰我周之卜正也薛庶姓也我不可以後之公使羽父請於薛侯曰君與滕君辱在寡人周諺有之曰山有木工則度之賓有禮主則擇之周之宗盟異姓爲後寡人若朝于薛不敢與諸任齒君若辱貺寡人則願以滕君爲請薛侯

旗蝥弧之是倒寫

許之乃長滕侯

夏公會鄭伯于時來

夏公會鄭伯于郲謀伐許也

秋七月壬午公及齊侯鄭伯入許

鄭伯將伐許五月甲辰授兵於大宮公孫閼與潁考叔爭車潁考叔挾輈以走子都拔棘以逐之及大逵弗及子都怒秋七月公會齊侯鄭伯伐許庚辰傅于許潁考叔取鄭伯之旗蝥弧以先登子都自下射之顛瑕叔盈又以蝥弧登周

辭命

辭命

調絶工鏗然有金石之音

章法

四平字句法暗相映在有意無意之間

麾而呼曰君登矣鄭師畢登壬午遂入許許莊公奔衛齊侯以許讓公公曰君謂許不共故從君討之許既伏其罪矣雖君有命寡人弗敢與聞乃與鄭人鄭伯使許大夫百里奉許叔以居許東偏曰天禍許國鬼神實不逞于許君而假手于我寡人寡人唯是一二父兄不能共億其敢以許自爲功乎寡人有弟不能和協而使餬其口於四方其況能久有許乎吾子其奉許叔以撫柔此民也吾將使獲也佐吾子若寡人得

長句錄勁
最有濃色

沒于地天其以禮悔禍于許無寧茲許公復奉
其社稷唯我鄭國之有請謁焉如舊昏媾其能
降以相從也無滋他族實偪處此以與我鄭國
爭此土也吾子孫其覆亡之不暇而況能禋祀
許乎寡人之使吾子處此不唯許國之爲亦聊
以固吾圉也乃使公孫獲處許西偏曰凡而器
用財賄無寘於許我死乃亟去之吾先君新邑
於此王室而既卑矣周之子孫日失其序夫許
大岳之胤也天而既厭周德矣吾其能與許爭

零收拾了
前案

乎君子謂鄭莊公於是乎有禮禮經國家定社
稷序民人利後嗣者也許無刑而伐之服而舍
之度德而處之量力而行之相時而動無累後
人可謂知禮矣鄭伯使卒出豭行出犬雞以詛
射潁考叔者君子謂鄭莊公失政刑矣政以治
民刑以正邪既無德政又無威刑是以及邪邪
而詛之將何益矣
○王取鄔劉蔿邘之田于鄭而與鄭人蘇忿生之
田溫原絺樊隰郕欑茅向盟州陘隤懷君子是

以知桓王之失鄭也恕而行之德之則也禮之
經也已弗能有而以與人人之不至不亦宜乎
○鄭息有違言息侯伐鄭鄭伯與戰于竟息師大
敗而還君子是以知息之將亡也不度德不量
力不親親不徵辭不察有罪犯五不韙而以伐
人其喪師也不亦宜乎
○冬十月鄭伯以虢師伐宋壬戌大敗宋師以報
其入鄭也宋不告命故不書凡諸侯有命告則
書不然則否師出臧否亦如之雖及滅國滅不

告敗勝不告克不書于策

冬十有一月壬辰公薨

羽父請殺桓公將以求大宰公曰爲其少故也吾將授之矣使營菟裘吾將老焉羽父懼反譖公于桓公而請弑之公之爲公子也與鄭人戰于狐壤止焉鄭人囚諸尹氏賂尹氏而禱於其主鍾巫遂與尹氏歸而立其主十一月公祭鍾巫齊于社圃館于寪氏壬辰羽父使賊弒公于寪氏立桓公而討寪氏有死者不書葬不成喪

也

萬曆丙辰夏吳興閔齊華閔齊伋閔象泰

分次經傳

此數語寥寥
乃伯王節文

春秋左傳

桓公

元年春王正月公即位　三月公會鄭伯于垂鄭伯以璧假許田

元年春公即位脩好于鄭鄭人請復祀周公卒易祊田公許之三月鄭伯以璧假許田爲周公祊故也

夏四月丁未公及鄭伯盟于越

夏四月丁未公及鄭伯盟于越結祊成也盟曰

亦錄之

此亦宜置二年首

春秋左傳

渝盟無享國

秋大水

秋大水凡平原出水爲大水

冬十月

○冬鄭伯拜盟

○宋華父督見孔父之妻于路目逆而送之曰美而豔

二年春王正月戊申宋督弑其君與夷及其大夫孔父

二年春宋督攻孔氏殺孔父而取其妻公怒督懼遂弑殤公君子以督爲有無君之心而後動於惡故先書弑其君

滕子來朝

三月公會齊侯陳侯鄭伯于稷以成宋亂

會于稷以成宋亂爲賂故立華氏也宋殤公立十年十一戰民不堪命孔父嘉爲司馬督爲大宰故因民之不堪命先宣言曰司馬則然已殺孔父而弑殤公召莊公于鄭而立之以親鄭以

亦為老生敗
誦生欲昭其
法九臨

郜大鼎賂公齊陳鄭皆有賂故遂相宋公

夏四月取郜大鼎于宋戊申納于大廟

夏四月取郜大鼎于宋戊申納于大廟非禮也臧哀伯諫曰君人者將昭德塞違以臨照百官猶懼或失之故昭令德以示子孫是以清廟茅屋大路越席大羹不致粢食不鑿昭其儉也衮冕黻珽帶裳幅舄衡紞紘綖昭其度也藻率鞞鞛鞶厲游纓昭其數也火龍黼黻昭其文也五色比象昭其物也鍚鸞和鈴昭其聲也三辰旂

旗昭其明也夫德儉而有度登降有數文物以紀之聲明以發之以臨照百官百官於是乎戒懼而不敢易紀律今滅德立違而寘其賂器於大廟以明示百官百官象之其又何誅焉國家之敗由官邪也官之失德寵賂章也郜鼎在廟章孰甚焉武王克商遷九鼎于雒邑義士猶或非之而况將昭違亂之賂器於大廟其若之何公不聽周内史聞之曰臧孫達其有後於魯乎君違不忘諫之以德

秋七月杞侯來朝

秋七月杞侯來朝不敬杞侯歸乃謀伐之

蔡侯鄭伯會于鄧

蔡侯鄭伯會于鄧始懼楚也

九月入杞

九月入杞討不敬也

公及戎盟于唐

公及戎盟于唐脩舊好也

冬公至自唐

此亦宜置三年首

此頂針法尤泛套

冬公至自唐告于廟也凡公行告于宗廟反行飲至舍爵策勳焉禮也特相會往來稱地讓事也自參以上則往稱地來稱會成事也

○初晉穆侯之夫人姜氏以條之役生太子命之曰仇其弟以千畝之戰生命之曰成師師服曰異哉君之名子也夫名以制義義以出禮禮以體政政以正民是以政成而民聽易則生亂嘉耦曰妃怨耦曰仇古之命也今君命大子曰仇弟曰成師始兆亂矣兄其替乎惠之二十四年

錯句

敘事簡核有力

晉始亂故封桓叔于曲沃靖侯之孫欒賓傅之師服曰吾聞國家之立也本大而末小是以能固故天子建國諸侯立家卿置側室大夫有貳宗士有隸子弟庶人工商各有分親皆有等衰是以民服事其上而下無覬覦今晉甸侯也而建國本既弱矣其能久乎惠之三十年晉潘父弒昭侯而納桓叔不克晉人立孝侯惠之四十五年曲沃莊伯伐翼弒孝侯翼人立其弟鄂侯鄂侯生哀侯哀侯侵陘庭之田陘庭南鄙啟曲

沃伐翼

三年

○三年春曲沃武公伐翼次于陘庭韓萬御戎梁弘爲右逐翼侯于汾隰驂絓而止夜獲之及欒共叔

春正月公會齊侯于嬴

會于嬴成昏于齊也

夏齊侯衛侯胥命于蒲

夏齊侯衛侯胥命于蒲不盟也

上逆敘小國
却綴來云云
是意到筆隨
然法尚在

六月公會杞侯于郕

公會杞侯于郕杞求成也

秋七月壬辰朔日有食之既

公子翬如齊逆女

秋公子翬如齊逆女脩先君之好故曰公子

九月齊侯送姜氏于讙

齊侯送姜氏非禮也凡公女嫁于敵國姊妹則上卿送之以禮於先君公子則下卿送之於大國雖公子亦上卿送之於天子則諸卿皆行公

不自送於小國則上大夫送之

公會齊侯于讙夫人姜氏至自齊

冬齊侯使其弟年來聘

冬齊仲年來聘致夫人也

有年

○芮伯萬之母芮姜惡芮伯之多寵人也故逐之

出居于魏

四年春正月公狩于郎

四年春正月公狩于郎書時禮也

夏天王使宰渠伯糾來聘

夏周宰渠伯糾來聘父在故名

○秋秦師侵芮敗焉小之也

○冬王師秦師圍魏執芮伯以歸

五年春正月甲戌己丑陳侯鮑卒

五年春正月甲戌己丑陳侯鮑卒再赴也於是陳亂文公子佗殺大子免而代之公疾病而亂作國人分散故再赴

夏齊侯鄭伯如紀

敘戰事工絶

夏齊侯鄭伯朝于紀欲以襲之紀人知之

天王使仍叔之子來聘

仍叔之子弱也

葬陳桓公

城祝丘

秋蔡人衛人陳人從王伐鄭

王奪鄭伯政鄭伯不朝秋王以諸侯伐鄭鄭伯禦之王爲中軍虢公林父將右軍蔡人衛人屬焉周公黑肩將左軍陳人屬焉鄭子元請爲左

造語工妙

寫兵法宛然得舉要法

拒以當蔡人衛人爲右拒以當陳人曰陳亂民莫有鬬心若先犯之必奔王卒顧之必亂蔡衛不枝固將先奔既而萃于王卒可以集事從之曼伯爲右拒祭仲足爲左拒原繁高渠彌以中軍奉公爲魚麗之陳先偏後伍伍承彌縫戰于繻葛命二拒曰旝動而鼓蔡衛陳皆奔王卒亂鄭師合以攻之王卒大敗祝聃射王中肩王亦能軍祝聃請從之公曰君子不欲多上人況敢陵天子乎苟自救也社稷無隕多矣夜鄭伯使

如此便信覺來了然可記者已盡在史無容着閑語

祭足勞王且問左右

大雩

秋大雩書不時也凡祀啟蟄而郊龍見而雩始殺而嘗閉蟄而烝過則書

螽

冬州公如曹

冬淳于公如曹度其國危遂不復

六年春正月寔來

六年春自曹來朝書曰寔來不復其國也

少師應是官名竟不知何姓名

語簡淨鍊法藏其中

○楚武王侵隨使薳章求成焉軍於瑕以待之隨人使少師董成（字法）鬬伯比言於楚子曰吾不得志於漢東也我則使然（句法）我張吾三軍而被吾甲兵以武臨之彼則懼而協以謀我故難間也漢東之國隨為大隨張必弃小國小國離楚之利也少師侈請羸師以張之熊率且比曰季梁在何益鬬伯比曰以為後圖少師得其君王毀軍而納少師少師歸請追楚師隨侯將許之季梁止之曰天方授楚楚之羸其誘我也君何急焉臣

閒小之能敵大也小道大淫所謂道忠於民而信於神也上思利民忠也祝史正辭信也今民餒而君逞欲祝史矯舉以祭臣不知其可也公曰吾牲牷肥腯粢盛豐備何則不信對曰夫民神之主也是以聖王先成民而後致力於神故奉牲以告曰博碩肥腯謂民力之普存也謂其畜之碩大蕃滋也謂其不疾瘯蠡也謂其備腯咸有也奉盛以告曰絜粢豐盛謂其三時不害而民和年豐也奉酒醴以告曰嘉栗旨酒謂其

上下皆有嘉德而無違心也所謂馨香無讒慝也故務其三時脩其五教親其九族以致其禋祀於是乎民和而神降之福故動則有成今民各有心而鬼神乏主君雖獨豐其何福之有君姑脩政而親兄弟之國庶免於難隨侯懼而脩政楚不敢伐

夏四月公會紀侯于成

夏會于成紀來諮謀齊難也

○北戎伐齊齊侯使乞師于鄭鄭大子忽帥師救

敘事簡而有態但該二事後各見本條中則此處可刪

齊六月大敗戎師獲其二帥大良少良甲首三百以獻於齊於是諸侯之大夫戍齊齊人饋之餼使魯爲其班後鄭鄭忽以其有功也怒故有郎之師公之未昏於齊也齊侯欲以文姜妻鄭大子忽大子忽辭人問其故大子曰人各有耦齊大非吾耦也詩云自求多福在我而已大國何爲君子曰善自爲謀及其敗戎師也齊侯又請妻之固辭人問其故大子曰無事於齊吾猶不敢今以君命奔齊之急而受室以歸是以師

故實可取文
太方太實

昏也民其謂我何遂辭諸鄭伯

秋八月壬午大閱

秋大閱簡車馬也

蔡人殺陳佗

九月丁卯子同生

九月丁卯子同生以大子生之禮舉之接以大
牢卜士負之士妻食之公與文姜宗婦命之公
問名於申繻對曰名有五有信有義有象有假
有類以名生爲信以德命爲義以類命爲象取

於物爲假取於父爲類不以國不以官不以山川不以隱疾不以畜牲不以器幣周人以諱事神名終將諱之故以國則廢名以官則廢職以山川則廢主以畜牲則廢祀以器幣則廢禮晉以僖侯廢司徒宋以武公廢司空先君獻武廢二山是以大物不可以命公曰是其生也與吾同物命之曰同

冬紀侯來朝

冬紀侯來朝請王命以求成于齊公告不能

此漢奉車子侯所本

七年春二月巳亥焚咸丘

夏穀伯綏來朝鄧侯吾離來朝

七年春穀伯鄧侯來朝名賤之也

○夏盟向求成于鄭既而背之秋鄭人齊人衛人伐盟向王遷盟向之民于郟

○冬曲沃伯誘晉小子侯殺之

八年

○八年春滅翼

春正月巳卯烝

天王使家父來聘

夏五月丁丑烝

○隨少師有寵楚鬬伯比曰可矣讎有釁不可失也夏楚子合諸侯于沈鹿黃隨不會使薳章讓黃楚子伐隨軍於漢淮之間季梁請下之弗許而後戰所以怒我而怠寇也少師謂隨侯曰必速戰不然將失楚師隨侯禦之望楚師季梁曰楚人上左君必左無與王遇且攻其右右無良焉必敗偏敗衆乃攜矣少師曰不當王非敵也

弗從戰于速杞隨師敗績隨侯逸鬬丹獲其戎車與其戎右少師秋隨及楚平楚子將不許鬬伯比曰天去其疾矣隨未可克也乃盟而還

秋伐邾

冬十月雨雪

○冬王命虢仲立晉哀侯之弟緡于晉

祭公來遂逆王后于紀

祭公來遂逆王后于紀禮也

九年春紀季姜歸于京師

長句點

九年春紀季姜歸于京師凡諸侯之女行唯王
后書
夏四月
○巴子使韓服告于楚請與鄧爲好楚子使道朔
將巴客以聘於鄧鄧南鄙鄾人攻而奪之幣殺
道朔及巴行人楚子使薳章讓於鄧鄧人弗受
夏楚使鬬廉帥師及巴師圍鄾鄧養甥聃甥帥
師救鄾三逐巴師不克鬬廉衡陳其師於巴師
之中以戰而北鄧人逐之背巴師而夾攻之鄧

師大敗鄭人宵潰

秋七月

○秋虢仲芮伯梁伯荀侯賈伯伐曲沃

冬曹伯使其世子射姑來朝

冬曹大子來朝賓之以上卿禮也享曹大子初獻樂奏而歎施父曰曹大子其有憂乎非歎所也

十年春王正月庚申曹伯終生卒

十年春曹桓公卒

夏五月葬曹桓公

○虢仲譖其大夫詹父於王詹父有辭以王師伐虢夏虢公出奔虞

秋公會衛侯于桃丘弗遇

○秋秦人納芮伯萬于芮

○初虞叔有玉虞公求旃弗獻既而悔之曰周諺有之匹夫無罪懷璧其罪吾焉用此其以賈害也乃獻之又求其寶劍叔曰是無厭也無厭將及我遂伐虞公故虞公出奔共池

冬十有二月丙午齊侯衛侯鄭伯來戰于郎
冬齊衛鄭來戰于郎我有辭也初北戎病齊諸
侯救之鄭公子忽有功焉齊人饋諸侯使魯次
之魯以周班後鄭鄭人怒請師於齊齊人以衛
師助之故不稱侵伐先書齊衛王爵也
十有一年春正月齊人衛人鄭人盟于惡曹
十一年春齊衛鄭宋盟于惡曹
○楚屈瑕將盟貳軫鄖人軍於蒲騷將與隨絞州
蓼伐楚師莫敖患之鬬廉曰鄖人軍其郊必不

誠且日虞四邑之至也君次於郊郢以禦四邑我以銳師宵加於鄖鄖有虞心而恃其城莫有鬬志若敗鄖師四邑必離莫敖曰盍請濟師於王對曰師克在和不在衆商周之不敵君之所聞也成軍以出又何濟焉莫敖曰卜之對曰卜以決疑不疑何卜遂敗鄖師於蒲騷卒盟而還

夏五月癸未鄭伯寤生卒　秋七月葬鄭莊公

九月宋人執鄭祭仲　突歸于鄭　鄭忽出奔衛

鄭昭公之敗北戎也齊人將妻之昭公辭祭仲

文勢但淨則味自長前昭公辭婚語雖佳然用之此處以上下文較之未免煩簡不相稱故舉別見

曰必取之君多內寵子無大援將不立三公子皆君也弗從夏鄭莊公卒初祭封人仲足有寵於莊公莊公使爲卿爲公娶鄧曼生昭公故祭仲立之宋雍氏女於鄭莊公曰雍姞生厲公雍氏宗有寵於宋莊公故誘祭仲而執之曰不立突將死亦執厲公而求賂焉祭仲與宋人盟以厲公歸而立之秋九月丁亥昭公奔衛已亥厲公立

柔會宋公陳侯蔡叔盟于折

公會宋公于夫鍾
冬十有二月公會宋公于闞
十有二年春正月
夏六月壬寅公會杞侯莒子盟于曲池
十二年夏盟于曲池平杞莒也
秋七月丁亥公會宋公燕人盟于穀丘
八月壬辰陳侯躍卒
公會宋公于虛
冬十有一月公會宋公于龜

丙戌公會鄭伯盟于武父

丙戌衛侯晉卒

十有二月及鄭師伐宋丁未戰于宋

公欲平宋鄭秋公及宋公盟于句瀆之丘宋成未可知也故又會于虛冬又會于龜宋公辭平故與鄭伯盟于武父遂帥師而伐宋戰焉宋無信也君子曰苟信不繼盟無益也詩云君子屢盟亂是用長無信也

○楚伐絞軍其南門莫敖屈瑕曰絞小而輕輕則

亦以簡妙句句錄

寡謀請無扞采樵者以誘之從之絞人獲三十人明日絞人爭出驅楚役徒於山中楚人坐其北門而覆諸山下大敗之爲城下之盟而還伐絞之役楚師分涉於彭羅人欲伐之使伯嘉諜之三巡數之

妙致

十有三年

○十三年春楚屈瑕伐羅鬬伯比送之還謂其御曰莫敖必敗舉趾高心不固矣遂見楚子曰必濟師楚子辭焉入告夫人鄧曼鄧曼曰大夫其

即前句略增數字殆如註脚然明是重出而意有乃更朕暢左氏多此法

非衆之謂其謂君撫小民以信訓諸司以德而威莫敖以刑也莫敖狃於蒲騷之役將自用也必小羅君若不鎮撫其不設備乎夫固謂君訓衆而好鎮撫之召諸司而勸之以令德見莫敖而告諸天之不假易也不然夫豈不知楚師之盡行也楚子使賴人追之不及莫敖使徇于師曰諫者有刑及鄢亂次以濟遂無次且不設備及羅羅與盧戎兩軍之大敗之莫敖縊于荒谷羣帥囚于冶父以聽刑楚子曰孤之罪也皆免

之

春二月公會紀侯鄭伯己巳及齊侯宋公衛侯燕人戰齊師宋師衛師燕師敗績

宋多責賂於鄭鄭不堪命故以紀魯及齊與宋衛燕戰不書所戰後也

三月葬衛宣公

夏大水

秋七月

冬十月

此句亦當屬下年

〇鄭人來請脩好

十有四年春正月公會鄭伯于曹

十四年春會于曹曹人致餼禮也

無氷

夏五

鄭伯使其弟語來盟

夏鄭子人來尋盟且脩曹之會

秋八月壬申御廩災乙亥嘗

秋八月壬申御廩災乙亥嘗書不害也

拙句却有致

冬十有二月丁巳齊侯祿父卒

宋人以齊人蔡人衛人陳人伐鄭

冬宋人以諸侯伐鄭報宋之戰也焚渠門入及大逵伐東郊取牛首以大宮之椽歸爲盧門之椽

十有五年春二月天王使家父來求車

十五年春天王使家父來求車非禮也諸侯不貢車服天子不私求財

三月乙未天王崩

夏四月己巳葬齊僖公

五月鄭伯突出奔蔡　鄭世子忽復歸于鄭

祭仲專鄭伯患之使其壻雍糾殺之將享諸郊雍姬知之謂其母曰父與夫孰親其母曰人盡夫也父一而已胡可比也遂告祭仲曰雍氏舍其室而將享子於郊吾惑之以告祭仲殺雍糾尸諸周氏之汪公載以出曰謀及婦人宜其死也夏厲公出奔蔡六月乙亥昭公入

許叔入于許　公會齊侯于艾

許叔入于許公會齊侯于艾謀定許也

邾人牟人葛人來朝

秋九月鄭伯突入于櫟

秋鄭伯因櫟人殺檀伯而遂居櫟

冬十有一月公會宋公衛侯陳侯于袲伐鄭

冬會于袲謀伐鄭將納厲公也弗克而還

十有六年春正月公會宋公蔡侯衛侯于曹　夏

四月公會宋公衛侯陳侯蔡侯伐鄭

十六年春正月會于曹謀伐鄭也夏伐鄭

秋七月公至自伐鄭

秋七月公至自伐鄭以飲至之禮也

冬城向

冬城向書時也

十有一月衛侯朔出奔齊

初衛宣公烝於夷姜生急子屬諸右公子爲之娶於齊而美公取之生壽及朔屬壽於左公子夷姜縊宣姜與公子朔搆急子公使諸齊使盜待諸莘將殺之壽子告之使行不可曰棄父之

二公子名至此始見

命惡用子矣有無父之國則可也及行飲以酒壽子載其旌以先盜殺之急子至曰我之求也（句法）此何罪請殺我乎又殺之二公子故怨惠公十一月左公子洩右公子職立公子黔牟惠公奔齊

十有七年春正月丙辰公會齊侯紀侯盟于黃

十七年春盟于黃平齊紀且謀衛故也

二月丙午公會邾儀父盟于趡

及邾儀父盟于趡尋蔑之盟也

夏五月丙午及齊師戰于奚

夏及齊師戰于奚疆事也於是齊人侵魯疆疆吏來告公曰疆場之事慎守其一而備其不虞姑盡所備焉事至而戰又何謁焉

六月丁丑蔡侯封人卒　秋八月蔡季自陳歸于蔡

蔡桓侯卒蔡人召蔡季于陳秋蔡季自陳歸于蔡蔡人嘉之也

癸巳葬蔡桓侯

及宋人衛人伐邾

伐邾宋志也

冬十月朔日有食之

冬十月朔日有食之不書日官失之也天子有日官諸侯有日御日官居卿以厎日禮也日御不失日以授百官于朝

○初鄭伯將以高渠彌爲卿昭公惡之固諫不聽昭公立懼其殺己也辛卯弒昭公而立公子亹君子謂昭公知所惡矣公子達曰高伯其爲戮

乎復惡已甚矣

十有八年春王正月公會齊侯于濼公與夫人姜氏遂如齊　夏四月丙子公薨于齊丁酉公之喪至自齊

十八年春公將有行遂與姜氏如齊申繻曰女有家男有室無相瀆也謂之有禮易此必敗公會齊侯于濼遂及文姜如齊齊侯通焉公謫之以告夏四月丙子享公使公子彭生乘公公薨于車魯人告于齊曰寡君畏君之威不敢寧居

○謫○決

辭命

體面語

來脩舊好禮成而不反無所歸咎惡於諸侯請以彭生除之齊人殺彭生

秋七月

○秋齊侯師于首止子亹會之高渠彌相七月戊戌齊人殺子亹而轘高渠彌祭仲逆鄭子于陳而立之是行也祭仲知之故稱疾不往人曰祭仲以知免仲曰信也

冬十有二月己丑葬我君桓公

○周公欲弒莊王而立王子克辛伯告王遂與王

陏字

春秋左傳

殺周公黑肩王子克奔燕初子儀有寵於桓王桓王屬諸周公辛伯諫曰並后匹嫡兩政耦國亂之本也周公弗從故及

萬曆丙辰夏吳興閔齊華

閔齊伋閔象泰分次經傳

春秋左傳

莊公

元年春王正月

元年春不稱即位文姜出故也

三月夫人孫于齊

三月夫人孫于齊不稱姜氏絕不爲親禮也

夏單伯送王姬

秋築王姬之館于外

秋築王姬之館于外爲外禮也

冬十月乙亥陳侯林卒

王使榮叔來錫桓公命

王姬歸于齊

齊師遷紀郱鄑郚

二年春王二月葬陳莊公

夏公子慶父帥師伐於餘丘

秋七月齊王姬卒

冬十有二月夫人姜氏會齊侯于禚

二年冬夫人姜氏會齊侯于禚書姦也

乙酉宋公馮卒

三年春王正月溺會齊師伐衛

三年春溺會齊師伐衛疾之也

夏四月葬宋莊公

五月葬桓王

夏五月葬桓王緩也

秋紀季以酅入于齊

秋紀季以酅入于齊紀於是乎始判

冬公次于滑

冬公次于滑將會鄭伯謀紀故也鄭伯辭以難

凡師一宿爲舍再宿爲信過信爲次

四年春王二月夫人姜氏享齊侯于祝丘

三月紀伯姬卒

○四年春王三月楚武王荆尸授師子焉以伐隨將齊入告夫人鄧曼曰余心蕩鄧曼歎曰王禄盡矣盈而蕩天之道也先君其知之矣故臨武事將發大命而蕩王心焉若師徒無虧王薨於行國之福也王遂行卒于樠木之下令尹鬭祁

莫敖屈重除道梁溠營軍臨隨隨人懼行成莫敖以王命入盟隨侯且請爲會於漢汭而還濟漢而後發喪

夏齊侯陳侯鄭伯遇于垂

紀侯大去其國

紀侯不能下齊以與紀季夏紀侯大去其國違齊難也

六月乙丑齊侯葬紀伯姬

秋七月

冬公及齊人狩于禚

五年春王正月

夏夫人姜氏如齊師

秋郳犂來來朝

五年秋郳犂來來朝名未王命也

冬公會齊人宋人陳人蔡人伐衛

冬伐衛納惠公也

六年春王正月王人子突救衛

六年春王人救衛

夏六月衛侯朔入于衛

夏衛侯入放公子黔牟于周放甯跪于秦殺左公子洩右公子職乃即位君子以二公子之立黔牟爲不度矣夫能固位者必度於本末而後立衷焉不知其本不謀知本之不枝弗強詩云本枝百世

秋公至自伐衛

螟

冬齊人來歸衛俘

冬齊人來歸衛寶文姜請之也

○楚文王伐申過鄧鄧祁侯曰吾甥也止而享之騅甥聃甥養甥請殺楚子鄧侯弗許三甥曰亡鄧國者必此人也若不早圖後君噬齊其及圖之乎圖之此為時矣鄧侯曰人將不食吾餘對曰若不從三臣抑社稷實不血食而君焉取餘弗從還年楚子伐鄧十六年楚復伐鄧滅之

七年春夫人姜氏會齊侯于防

七年春文姜會齊侯于防齊志也

夏四月辛卯夜恒星不見夜中星隕如雨

夏恒星不見夜明也星隕如雨與雨偕也

秋大水

無麥苗

秋無麥苗不害嘉穀也

冬夫人姜氏會齊侯于穀

八年春王正月師次于郎以俟陳人蔡人

甲午治兵

八年春治兵于廟禮也

敘法絕高妙淨而色濃簡而味耿

夏師及齊師圍郕郕降于齊師　秋師還

夏師及齊師圍郕郕降于齊師仲慶父請伐齊師公曰不可我實不德齊師何罪罪我之由夏書曰皐陶邁種德德乃降姑務脩德以待時乎秋師還君子是以善魯莊公

冬十有一月癸未齊無知弑其君諸兒

齊侯使連稱管至父戍葵丘瓜時而往句、逗曰及瓜而代期戍公問不至請代弗許故謀作亂僖公之母弟曰夷仲年生公孫無知有寵於僖公衣

一鬼見兩形寫法絕妙此下敘法更精

此說殺孟陽真是險絕

服禮秩如適襄公絀之二人因之以作亂連稱有從妹在公宮無寵使閒公曰捷吾以女爲夫人冬十二月齊侯游于姑棼遂田于貝丘見大豕從者曰公子彭生也公怒曰彭生敢見射之豕人立而啼公懼隊于車傷足喪屨反誅屨於徒人費弗得鞭之見血走出遇賊于門劫而束之費曰我奚御哉袒而示之背信之費請先入伏公而出鬬死于門中石之紛如死于階下遂入殺孟陽于牀曰非君也不類見公之足于戸

句法

有態

宛然

此句當屬下年

下遂弒之而立無知初襄公立無常鮑叔牙曰君使民慢亂將作矣奉公子小白出奔莒亂作管夷吾召忽奉公子糾來奔

○初公孫無知虐于雍廩

九年春齊人殺無知

九年春雍廩殺無知

公及齊大夫盟于蔇

公及齊大夫盟于蔇齊無君也

夏公伐齊納子糾齊小白入于齊

夏公伐齊納子糾桓公自莒先入

秋七月丁酉葬齊襄公

八月庚申及齊師戰于乾時我師敗績　九月齊人取子糾殺之

秋師及齊師戰于乾時我師敗績公喪戎路傳乘而歸秦子梁子以公旗辟于下道是以皆止

鮑叔帥師來言曰子糾親也請君討之管召讐也請受而甘心焉乃殺子糾于生竇召忽死之管仲請囚鮑叔受之及堂阜而稅之歸而以告

伯玉謂是神品尚未能了然鍊甚然亦覺太方

曰管夷吾治於高傒使相可也公從之

冬浚洙

十年春王正月公敗齊師于長勺

十年春齊師伐我公將戰曹劌請見其鄉人曰肉食者謀之又何閒焉劌曰肉食者鄙未能遠謀乃入見問何以戰公曰衣食所安弗敢專也必以分人對曰小惠未徧民弗從也公曰犧牲玉帛弗敢加也必以信對曰小信未孚神弗福也公曰小大之獄雖不能察必以情對曰忠之

屬也可以一戰戰則請從公與之乘戰于長勺公將鼓之劌曰未可齊人三鼓劌曰可矣齊師敗績公將馳之劌曰未可下視其轍登軾而望之曰可矣遂逐齊師既克公問其故對曰夫戰勇氣也一鼓作氣再而衰三而竭彼竭我盈故克之夫大國難測也懼有伏焉吾視其轍亂望其旗靡故逐之

二月公侵宋

三月宋人遷宿

夏六月齊師宋師次于郎公敗宋師于乘丘

夏六月齊師宋師次于郎公子偃曰宋師不整可敗也宋敗齊必還請擊之公弗許自雩門竊出蒙皐比而先犯之公從之大敗宋師于乘丘齊師乃還

秋九月荆敗蔡師于莘以蔡侯獻舞歸

蔡哀侯娶于陳息侯亦娶焉息嬀將歸過蔡蔡侯曰吾姨也止而見之弗賓息侯聞之怒使謂楚文王曰伐我吾求救於蔡而伐之楚子從之

秋九月楚敗蔡師于莘以蔡侯獻舞歸

冬十月齊師滅譚譚子奔莒

齊侯之出也過譚譚不禮焉及其入也諸侯皆賀譚又不至冬齊師滅譚譚無禮也譚子奔莒同盟故也

十有一年春王正月

夏五月戊寅公敗宋師于鄑

十一年夏宋爲乘丘之役故侵我公禦之宋師未陳而薄之敗諸鄑凡師敵未陳曰敗某師皆

淡語

兩語在今亦近腐

陳曰戰大崩曰敗績得雋曰克覆而敗之曰取
某師京師敗曰王師敗績于某

秋宋大水

秋宋大水公使弔焉曰天作淫雨害於粢盛若之何不弔對曰孤實不敬天降之災又以爲君憂拜命之辱臧文仲曰宋其興乎禹湯罪己其興也悖焉桀紂罪人其亡也忽焉且列國有凶稱孤禮也言懼而名禮其庶乎旣而聞之曰公子御說之辭也臧孫達曰是宜爲君有恤民之

此六當置十二年首

心

冬王姬歸于齊

冬齊侯來逆共姬

○乘丘之役公以金僕姑射南宮長萬公右歂孫生搏之宋人請之宋公靳之曰始吾敬子今子魯囚也吾弗敬子矣病之

十有二年春王三月紀叔姬歸于酅

夏四月

秋八月甲午宋萬弑其君捷及其大夫仇牧　冬

十月宋萬出奔陳

十二年秋宋萬弑閔公于蒙澤遇仇牧于門批而殺之遇大宰督于東宫之西又殺之立子游羣公子奔蕭公子御説奔亳南宫牛猛獲帥師圍亳冬十月蕭叔大心及戴武宣穆莊之族以曹師伐之殺南宫牛于師殺子游于宋立桓公猛獲奔衛南宫萬奔陳以乘車輦其母一日而至宋人請猛獲于衛衛人欲勿與石祁子曰不可天下之惡一也惡于宋而保於我保之何補

得一夫而失一國與惡而弃好非謀也衛人歸之亦請南宮萬于陳以賂陳人使婦人飲之酒而以犀革裹之比及宋手足皆見宋人皆醢之

十有三年春齊侯宋人陳人蔡人邾人會于北杏

夏六月齊人滅遂

十三年春會于北杏以平宋亂遂人不至夏齊人滅而戍之

秋七月

冬公會齊侯盟于柯

此句當在十四年首

冬盟于柯始及齊平也

○宋人背北杏之會

十有四年春齊人陳人曹人伐宋　夏單伯會伐宋

十四年春諸侯伐宋齊請師于周夏單伯會之取成于宋而還

○鄭厲公自櫟侵鄭及大陵獲傅瑕傅瑕曰苟舍我吾請納君與之盟而赦之六月甲子傅瑕殺鄭子及其二子而納厲公初內蛇與外蛇鬬於

裏言當是腹心密言

正論

章法亦流動然皆口頭話

鄭南門中內蛇死六年而厲公入公聞之問於申繻曰猶有妖乎對曰人之所忌其氣燄以取之妖由人興也人無釁焉妖不自作人弃常則妖興故有妖厲公入遂殺傅瑕使謂原繁曰傅瑕貳周有常刑既伏其罪矣納我而無二心者吾皆許之上大夫之事吾願與伯父圖之且寡人出伯父無裏言入又不念寡人寡人憾焉對曰先君桓公命我先人典司宗祏社稷有主而外其心其何貳如之苟主社稷國內之民其誰

如何又言

不為臣臣無二心天之制也子儀在位十四年矣而謀召君者庸非貳乎莊公之子猶有八人若皆以官爵行賂勸貳而可以濟事君其若之何臣聞命矣乃縊而死

秋七月荆入蔡

蔡哀侯為莘故繩息嬀以語楚子楚子如息以食入享遂滅息以息嬀歸生堵敖及成王焉未言楚子問之對曰吾一婦人而事二夫縱弗能死其又奚言楚子以蔡侯滅息遂伐蔡秋七月

楚入蔡君子曰商書所謂惡之易也如火之燎于原不可鄉邇其猶可撲滅者其如蔡哀侯乎

冬單伯會齊侯宋公衛侯鄭伯于鄄

冬會于鄄宋服故也

十有五年春齊侯宋公陳侯衛侯鄭伯會于鄄

十五年春復會焉齊始霸也

夏夫人姜氏如齊

秋宋人齊人邾人伐郳　鄭人侵宋

秋諸侯爲宋伐郳鄭人閒之而侵宋

冬十月

十有六年春王正月

夏宋人齊人衛人伐鄭

十六年夏諸侯伐鄭宋故也

秋荆伐鄭

鄭伯自櫟入緩告于楚秋楚伐鄭及櫟爲不禮故也

○鄭伯治與於雍糾之亂者九月殺公子閼刖強鉏公父定叔出奔衛三年而復之曰不可使共

叔無後於鄭使以十月入曰良月也就盈數焉

君子謂強鉏不能衛其足

冬十有二月會齊侯宋公陳侯衛侯鄭伯許男滑伯滕子同盟于幽

冬同盟于幽鄭成也

邾子克卒

○王使虢公命曲沃伯以一軍爲晉侯

○初晉武公伐夷執夷詭諸蔿國請而免之既而弗報故子國作亂謂晉人曰與我伐夷而取其

地遂以晉師伐夷殺夷詭諸周公忌父出奔虢

惠王立而復之

十有七年春齊人執鄭詹

十七年春齊人執鄭詹鄭不朝也

夏齊人殲于遂

夏遂因氏頜氏工婁氏須遂氏饗齊戍醉而殺

之齊人殲焉

秋鄭詹自齊逃來

冬多麋

十有八年春王三月日有食之
○十八年春虢公晉侯朝王王饗醴命之宥皆賜玉五瑴馬三匹非禮也王命諸侯名位不同禮亦異數不以禮假人
○虢公晉侯鄭伯使原莊公逆王后于陳陳嬀歸于京師實惠后
夏公追戎于濟西
夏公追戎于濟西不言其來諱之也
秋有蜮

秋有蜚爲災也

冬十月

○初楚武王克權使鬬緡尹之以叛圍而殺之遷權於那處使閻敖尹之及文王即位與巴人伐申而驚其師巴人叛楚而伐那處取之遂門于楚閻敖游涌而逸楚子殺之其族爲亂冬巴人因之以伐楚

十有九年春王正月夏四月

○十九年春楚子禦之大敗於津還鬻拳弗納遂

筆奇

綜括事情嚴核有法

伐黃敗黃師于踖陵還及湫有疾夏六月庚申卒鬻拳葬諸夕室亦自殺也而葬於絰皇初鬻拳強諫楚子楚子弗從臨之以兵懼而從之鬻拳曰吾懼君以兵罪莫大焉遂自刖也楚人以爲大閽謂之大伯使其後掌之君子曰鬻拳可謂愛君矣諫以自納於刑刑猶不忘納君於善

秋公子結媵陳人之婦于鄄遂及齊侯宋公盟

夫人姜氏如莒

○初王姚嬖于莊王生子頹子頹有寵蔿國爲之

俱奪地事而三變文

王室有如許大事齊桓竟若不聞經文不書殊可疑

師及惠王即位取蔿國之圃以為囿邊伯之宮近於王宮王取之王奪子禽祝跪與詹父田而收膳夫之秩故蔿國邊伯石速詹父子禽祝跪作亂因蘇氏秋五大夫奉子頹以伐王不克出奔溫蘇子奉子頹以奔衛衛師燕師伐周冬立子頹

冬齊人宋人陳人伐我西鄙

二十年春王二月夫人姜氏如莒

夏齊大災

秋七月

冬齊人伐戎

○二十年春鄭伯和王室不克執燕仲父夏鄭伯遂以王歸王處于櫟秋王及鄭伯入于鄔遂入成周取其寶器而還冬王子頹享五大夫樂及徧舞鄭伯聞之見虢叔曰寡人聞之哀樂失時殃咎必至今王子頹歌舞不倦樂禍也夫司寇行戮君爲之不舉而況敢樂禍乎奸王之位禍孰大焉臨禍忘憂憂必及之盍納王乎虢公曰

寡人之願也

二十有一年春王正月

夏五月辛酉鄭伯突卒

二十一年春胥命于弭夏同伐王城鄭伯將王自圉門入虢叔自北門入殺王子頹及五大夫鄭伯享王于闕西辟樂備王與之武公之畧自虎牢以東原伯曰鄭伯效尤其亦將有咎五月鄭厲公卒

秋七月戊戌夫人姜氏薨

冬十有二月葬鄭厲公

○王巡虢守虢公爲王宮于玤王與之酒泉鄭伯之享王也王以后之鞶鑑予之虢公請器王予之爵鄭伯由是始惡于王冬王歸自虢

二十有二年春王正月肆大眚

癸丑葬我小君文姜

陳人殺其公子御寇

二十二年春陳人殺其大子御寇陳公子完與顓孫奔齊顓孫自齊來奔齊侯使敬仲爲卿辭

辭命語甚工

曰羇旅之臣幸若獲宥及於寬政赦其不閑於教訓而免於罪戾弛於負擔君之惠也所獲多矣敢辱高位以速官謗請以死告詩云翹翹車乘招我以弓豈不欲往畏我友朋使爲工正飲桓公酒樂公曰以火繼之辭曰臣卜其晝未卜其夜不敢君子曰酒以成禮不繼以淫義也以君成禮弗納於淫仁也初懿氏卜妻敬仲其妻占之曰吉是謂鳳皇于飛和鳴鏘鏘有嬀之後將育于姜五世其昌並于正卿八世之後莫之

妙○肯○

兩句甚勁有力

演卦義甚暢有態

與京陳厲公蔡出也故蔡人殺五父而立之生敬仲其少也周史有以周易見陳侯者陳侯使筮之遇觀䷓之否䷋曰是謂觀國之光利用賓于王此其代陳有國乎不在此其在異國非此其身在其子孫光遠而自他有耀者也坤土也巽風也乾天也風為天於土上山也有山之材而照之以天光於是乎居土上故曰觀國之光利用賓于王庭實旅百奉之以玉帛天地之美具焉故曰利用賓于王猶有觀焉故曰其在後

句法

乎風行而著於土故曰其在異國乎若在異國必姜姓也姜大嶽之後也山嶽則配天物莫能兩大陳衰此其昌乎及陳之初亡也陳桓子始大於齊其後亡也成子得政

夏五月

秋七月丙申及齊高傒盟于防

冬公如齊納幣

二十有三年春公至自齊

祭叔來聘

正論質語然尚覺未暢

長卿諭巴蜀衛使者不然本此

夏公如齊觀社

二十三年夏公如齊觀社非禮也曹劌諫曰不可夫禮所以整民也故會以訓上下之則制財用之節朝以正班爵之義帥長幼之序征伐以討其不然諸侯有王王有巡守以大習之非是君不舉矣君舉必書書而不法後嗣何觀

公至自齊

荊人來聘

公及齊侯遇于穀蕭叔朝公

其桷是承上文語

○晉桓莊之族偪獻公患之士蔿曰去富子則羣公子可謀也已公曰爾試其事士蔿與羣公子謀譖富子而去之

秋丹桓宮楹

秋丹桓宮之楹

冬十有一月曹伯射姑卒

十有二月甲寅公會齊侯盟于扈

二十有四年春王三月刻桓宮桷

二十四年春刻其桷皆非禮也御孫諫曰臣聞

之儉德之共也侈惡之大也先君有共德而君納諸大惡無乃不可乎

葬曹莊公

夏公如齊逆女

秋公至自齊

八月丁丑夫人姜氏入　戊寅大夫宗婦覿用幣

秋哀姜至公使宗婦覿用幣非禮也御孫曰男贄大者玉帛小者禽鳥以章物也女贄不過榛栗棗脩以告虔也今男女同贄是無別也男女

之別國之大節也而由夫人亂之無乃不可乎
大水
冬戎侵曹曹羈出奔陳赤歸于曹
郭公
○晉士蔿又與羣公子謀使殺游氏之二子士蔿
告晉侯曰可矣不過二年君必無患
二十有五年春陳侯使女叔來聘
二十五年春陳女叔來聘始結陳好也嘉之故
不名

夏五月癸丑衛侯朔卒

六月辛未朔日有食之鼓用牲于社

夏六月辛未朔日有食之鼓用牲于社非常也唯正月之朔慝未作日有食之於是乎用幣于社伐鼓于朝

伯姬歸于杞

秋大水鼓用牲于社于門

秋大水鼓用牲于社于門亦非常也凡天災有幣無牲非日月之眚不鼓

冬公子友如陳

○晉士蔿使羣公子盡殺游氏之族乃城聚而處之冬晉侯圍聚盡殺羣公子

二十有六年春公伐戎夏公至自伐戎

○二十六年春晉士蔿爲大司空夏士蔿城絳以深其宮

曹殺其大夫

秋公會宋人齊人伐徐

○秋虢人侵晉冬虢人又侵晉

孟子晏子對
無非事者

冬十有二月癸亥朔日有食之

二十有七年春公會杞伯姬于洮

二十七年春公會杞伯姬于洮非事也天子非展義不巡守諸侯非民事不舉卿非君命不越竟

夏六月公會齊侯宋公陳侯鄭伯同盟于幽

夏同盟于幽陳鄭服也

秋公子友如陳葬原仲

秋公子友如陳葬原仲非禮也原仲季友之舊

也

冬杞伯姬來

冬杞伯姬來歸寧也凡諸侯之女歸寧曰來出曰來歸夫人歸寧曰如某出曰歸于某

莒慶來逆叔姬

杞伯來朝

公會齊侯于城濮

○晉侯將伐虢士蔿曰不可虢公驕若驟得勝於我必弃其民無衆而後伐之欲禦我誰與夫禮

樂慈愛戰所畜也夫民讓事樂和愛親哀喪而後可用也虢弗畜也亟戰將饑、

○王使召伯廖賜齊侯命且請伐衛以其立子頹也、

二十有八年春王三月甲寅齊人伐衛衛人及齊人戰衛人敗績

二十八年春齊侯伐衛戰敗衛師數之以王命取賂而還、

夏四月丁未邾子瑣卒

文平易

○晉獻公娶于賈無子烝於齊姜生秦穆夫人及大子申生又娶二女於戎大戎狐姬生重耳小戎子生夷吾晉伐驪戎驪戎男女以驪姬歸生奚齊其娣生卓子驪姬嬖欲立其子賂外嬖梁五與東關嬖五使言於公曰曲沃君之宗也蒲與二屈君之疆也不可以無主宗邑無主則民不威疆埸無主則啓戎心戎之生心民慢其政國之患也若使大子主曲沃而重耳夷吾主蒲與屈則可以威民而懼戎且旌君伐使俱曰狄

之廣莫於晉爲都晉之啟土不亦宜乎晉侯說之夏使大子居曲沃重耳居蒲城夷吾居屈羣公子皆鄙唯二姬之子在絳二五卒與驪姬譖羣公子而立奚齊晉人謂之二五耦

秋荊伐鄭公會齊人宋人救鄭

楚令尹子元欲蠱文夫人爲館於其宮側而振萬焉夫人聞之泣曰先君以是舞也習戎備也今令尹不尋諸仇讐而於未亡人之側不亦異乎御人以告子元子元曰婦人不忘襲讐我反

妙有致

志之秋子元以車六百乘伐鄭入于桔柣之門子元鬬御彊鬬梧耿之不比爲旆鬬班王孫游王孫喜殿衆車入自純門及逵市縣門不發楚言而出子元曰鄭有人焉諸侯救鄭楚師夜遁鄭人將奔桐丘諜告曰楚幕有烏乃止

冬築郿

築郿非都也凡邑有宗廟先君之主曰都無曰邑邑曰築都曰城

大無麥禾　臧孫辰告糴于齊

冬、饑、臧孫辰告糴于齊、禮也、

二十有九年春新延廄

二十九年春新作延廄、書不時也、凡馬日中而出、日中而入、

夏鄭人侵許

夏鄭人侵許、凡師有鍾鼓曰伐、無曰侵、輕曰襲、

秋有蜚

秋有蜚、爲災也、凡物不爲災不書、

冬十有二月紀叔姬卒

城諸及防

冬十二月城諸及防書時也凡土功龍見而畢

務戒事也火見而致用水昏正而栽日至而畢

○樊皮叛王

三十年春王正月

○三十年春王命虢公討樊皮夏四月丙辰虢公

入樊執樊仲皮歸于京師

夏次于成

秋七月齊人降鄣

處王宮蓋亦既烝息媯

○楚公子元歸自伐鄭而處王宮鬬射師諫則執而梏之秋申公鬬班殺子元鬬穀於菟爲令尹自毁其家以紓楚國之難、

八月癸亥葬紀叔姬

九月庚午朔日有食之鼓用牲于社

冬公及齊侯遇于魯濟

冬遇于魯濟謀山戎也以其病燕故也

齊人伐山戎

三十有一年春築臺于郎

夏四月薛伯卒

築臺于薛

六月齊侯來獻戎捷

三十一年夏六月齊侯來獻戎捷非禮也凡諸侯有四夷之功則獻于王王以警于夷中國則否諸侯不相遺俘

秋築臺于秦

冬不雨

三十有二年春城小穀

三十二年春城小穀爲管仲也

夏宋公齊侯遇于梁丘

齊侯爲楚伐鄭之故請會于諸侯宋公請先見于齊侯夏遇于梁丘

○秋七月有神降于莘惠王問諸內史過曰是何故也對曰國之將興明神降之監其德也將亡神又降之觀其惡也故有得神以興亦有以亡虞夏商周皆有之王曰若之何對曰以其物享焉其至之日亦其物也王從之內史過往聞虢

涼德字在今亦是陳言

請命反曰虢必亡矣虐而聽於神神居莘六月虢公使祝應宗區史嚚享焉神賜之土田史嚚曰虢其亡乎吾聞之國將興聽於民將亡聽於神神聰明正直而壹者也依人而行虢多涼德其何土之能得

秋七月癸巳公子牙卒　八月癸亥公薨于路寢

冬十月巳未子般卒

初公築臺臨黨氏見孟任從之閟而以夫人言許之割臂盟公生子般焉雩講于梁氏女公子

觀之圉人犖自牆外與之戲子般怒使鞭之公曰不如殺之是不可鞭犖有力焉能投蓋于稷門公疾問後於叔牙對曰慶父材問於季友對曰臣以死奉般公曰鄉者牙曰慶父材成季使以君命命僖叔待于鍼巫氏使鍼季酖之曰飲此則有後於魯國不然死且無後飲之歸及逵泉而卒立叔孫氏八月癸亥公薨于路寢子般卽位次于黨氏冬十月己未共仲使圉人犖賊子般于黨氏成季奔陳立閔公

春秋左傳

公子慶父如齊

狄伐邢

萬曆丙辰夏吳興閔齊華
閔齊伋閔象泰分次經傳

句法太方

春秋左傳

閔公

元年春王正月

元年春不書即位亂故也

齊人救邢

狄人伐邢管敬仲言於齊侯曰戎狄豺狼不可厭也諸夏親暱不可棄也宴安酖毒不可懷也詩云豈不懷歸畏此簡書簡書同惡相恤之謂也請救邢以從簡書齊人救邢

夏六月辛酉葬我君莊公

夏六月葬莊公亂故是以緩

秋八月公及齊侯盟于落姑季子來歸

秋八月公及齊侯盟于落姑請復季友也齊侯許之使召諸陳公次于郎以待之季子來歸嘉之也

冬齊仲孫來

冬齊仲孫湫來省難書曰仲孫亦嘉之也仲孫歸曰不去慶父魯難未已公曰若之何而去之

對曰難不已將自斃君其待之公曰魯可取乎
對曰不可猶秉周禮周禮所以本也臣聞之國
將亡本必先顛而後枝葉從之魯不弃周禮未
可動也君其務寧魯難而親之親有禮因重固
閒攜貳覆昏亂霸王之器也
○晉侯作二軍公將上軍大子申生將下軍趙夙
御戎畢萬爲右以滅耿滅霍滅魏還爲大子城
曲沃賜趙夙耿賜畢萬魏以爲大夫士蔿曰大
子不得立矣分之都城而位以卿先爲之極又

是童稚語何遽爲符邪

焉得立不如逃之無使罪至爲吳大伯不亦可乎猶有令名與其及也且諺曰心苟無瑕何恤乎無家天若祚大子其無晉乎卜偃曰畢萬之後必大萬盈數也魏大名也以是始賞天啟之矣天子曰兆民諸侯曰萬民今名之大以從盈數其必有衆初畢萬筮仕於晉遇屯䷂之比䷇辛廖占之曰吉屯固比入吉孰大焉其必蕃昌震爲土車從馬足居之兄長之母覆之衆歸之六體不易合而能固安而能殺公侯之卦也公

侯之子孫必復其始
二年春王正月齊人遷陽
○二年春虢公敗犬戎于渭汭舟之僑曰無德而
祿殃也殃將至矣遂奔晉
夏五月乙酉吉禘于莊公
夏吉禘于莊公速也
秋八月辛丑公薨　九月夫人姜氏孫于邾　公
子慶父出奔莒
初公傅奪卜齮田公不禁秋八月辛丑共仲使

入髓之語

卜齮賊公于武闈成季以僖公適邾共仲奔莒乃入立之以賂求共仲于莒莒人歸之及密使公子魚請不許哭而往共仲曰奚斯之聲也乃縊閔公哀姜之娣叔姜之子也故齊人立之共仲通於哀姜哀姜欲立之閔公之死也哀姜與知之故孫于邾齊人取而殺之于夷以其尸歸僖公請而葬之成季之將生也桓公使卜楚丘之父卜之曰男也其名曰友在公之右閒于兩社爲公室輔季氏亡則魯不昌又筮之遇大有

敘戰事亦妥
悉有致
色濃

☰之乾☰曰同復于父敬如君所及生有文在其手曰友遂以命之

冬齊高子來盟

十有二月狄入衛

冬十二月狄人伐衛衛懿公好鶴鶴有乘軒者將戰國人受甲者皆曰使鶴鶴實有祿位余焉能戰公與石祁子玦與甯莊子矢使守曰以此贊國擇利而爲之與夫人繡衣曰聽於二子渠孔御戎子伯爲右黃夷前驅孔嬰齊殿及狄人

淋漓有態

戰于熒澤衛師敗績遂滅衛衛侯不去其旗是以甚敗狄人囚史華龍滑與禮孔以逐衛人二人曰我大史也實掌其祭不先國不可得也乃先之至則告守曰不可待也夜與國人出狄入衛遂從之又敗諸河初惠公之即位也少齊人使昭伯烝於宣姜不可強之生齊子戴公文公宋桓夫人許穆夫人文公爲衛之多患也先適齊及敗宋桓公逆諸河宵濟衛之遺民男女七百有三十人益之以共滕之民爲五千人立戴

此是文本處

公以廬于曹許穆夫人賦載馳齊侯使公子無虧師車三百乘甲士三千人以戍曹歸公乘馬祭服五稱牛羊豕雞狗皆三百與門材歸夫人魚軒重錦三十兩

鄭棄其師

鄭人惡高克使帥師次于河上久而弗召師潰而歸高克奔陳鄭人為之賦清人

○晉侯使大子申生伐東山皐落氏里克諫曰大子奉冢祀社稷之粢盛以朝夕視君膳者也故

正論然天邦甲

又作門而語

曰冢子君行則守有守則從從曰撫軍守曰監國古之制也夫帥師專行謀誓軍旅君與國政之所圖也非大子之事也師在制命而已禀命則不威專命則不孝故君之嗣適不可以帥師君失其官帥師不威將焉用之且臣聞皐落氏將戰君其舍之公曰寡人有子未知其誰立焉不對而退見大子大子曰吾其廢乎對曰告之以臨民教之以軍旅不共是懼何故廢乎且子懼不孝無懼弗得立脩己而不責人則免於難

奇

諸大夫各出議論殆如送行文字甚有態有色但文多四字稍覺方拙

本是不好却令一人說好起

狐突尊行也故其論最深而盡此是文腹

險絕

大子帥師公衣之偏衣佩之金玦狐突御戎先友爲右梁餘子養御罕夷先丹木爲右羊舌大夫爲尉先友曰衣身之偏握兵之要在此行也子其勉之偏躬無慝兵要遠災親以無災又何患焉狐突歎曰時事之徵也衣身之章也佩衷之旗也（字法）故敬其事則命以始服其身則衣之純用其衷則佩之度今命以時卒閟其事也衣之尨服遠其躬也佩以金玦弃其衷也服以遠之時以閟之尨凉冬殺金寒玦離胡可恃也雖欲

（生澀）

正論

步敘前

烟波點慘後

出將戰一奇

勉之狄（激論）可盡乎梁餘子養曰帥師者受命於廟
受脤於社有常服矣不獲而尨命可知也死而
不孝不如逃之罕夷曰尨奇無常金玦不復雖
復何爲君（激論）有心矣先丹木曰是服也狂夫阻之
曰盡敵而反敵可盡乎雖盡敵猶有內讒（更深一步）不如
違之狐突欲行羊舌大夫曰不可違命不孝弃
事不忠雖知其寒惡不可取子其死之大子將
戰（四字遂不如二字之情）狐突諫曰不可昔辛伯諗周桓公云內寵並
后外寵二政嬖子配適大都耦國亂之本也周

倒句掉尾

兩語精絕

實事作工俏語

公弗從故及於難今亂本成矣立可必乎孝而安民子其圖之與其危身以速罪也

○成風聞成季之繇乃事之而屬僖公焉故成季立之

○僖之元年齊桓公遷邢于夷儀二年封衛于楚丘邢遷如歸衛國忘亡

○衛文公大布之衣大帛之冠務材訓農通商惠工敬教勸學授方任能元年革車三十乘季年乃三百乘

萬曆丙辰夏吳興閔齊華

閔齊伋閔象泰分次經傳

春秋左傳

僖公

元年春王正月

元年春不稱卽位公出故也公出復入不書諱之也諱國惡禮也

齊師宋師曹伯次于聶北救邢

諸侯救邢邢人潰出奔師師遂逐狄人具邢器用而遷之師無私焉

夏六月邢遷于夷儀　齊師宋師曹師城邢

秋去語註腳

夏邢遷于夷儀諸侯城之救患也凡侯伯救患分災討罪禮也

秋七月戊辰夫人姜氏薨于夷齊人以歸

楚人伐鄭　八月公會齊侯宋公鄭伯曹伯邾人于檉

秋楚人伐鄭鄭卽齊故也盟于犖謀救鄭也

九月公敗邾師于偃

九月公敗邾師于偃虛丘之戍將歸者也

冬十月壬午公子友帥師敗莒師于酈獲莒拏

冬莒人來求賂公子友敗諸酈獲莒子之弟挐

非卿也嘉獲之也公賜季友汶陽之田及費

十有二月丁巳夫人氏之喪至自齊

夫人氏之喪至自齊君子以齊人之殺哀姜也

爲已甚矣女子從人者也

二年春王正月城楚丘

二年春諸侯城楚丘而封衛焉不書所會後也

夏五月辛巳葬我小君哀姜

虞師晉師滅下陽

晉荀息請以屈產之乘與垂棘之璧假道於虞以伐虢公曰是吾寶也對曰若得道於虞猶外府也公曰宮之奇存焉對曰宮之奇之爲人也懦而不能強諫且少長於君君暱之雖諫將不聽乃使荀息假道於虞曰冀爲不道入自顛軨伐鄍三門冀之既病則亦唯君故今虢爲不道保於逆旅以侵敝邑之南鄙敢請假道以請罪于虢虞公許之且請先伐虢宮之奇諫不聽遂起師夏晉里克荀息帥師會虞師伐虢滅下陽

先書虞賄故也

秋九月齊侯宋公江人黄人盟于貫

秋盟于貫服江黄也

○齊寺人貂始漏師于多魚

○虢公敗戎于桑田晉卜偃曰虢必亡矣亡下陽不懼而又有功是天奪之鑒而益其疾也必易晉而不撫其民矣不可以五稔

冬十月不雨

楚人侵鄭

冬楚人伐鄭鬬章囚鄭聃伯

三年春王正月不雨夏四月不雨

徐人取舒

六月雨

三年春不雨夏六月雨自十月不雨至于五月

不曰旱不爲災也

秋齊侯宋公江人黄人會于陽穀

秋會于陽穀謀伐楚也

冬公子友如齊涖盟

此六當入四年

齊侯爲陽穀之會來尋盟冬公子友如齊涖盟

楚人伐鄭

楚人伐鄭鄭伯欲成孔叔不可曰齊方勤我弃德不祥

○齊侯與蔡姬乘舟于囿蕩公公懼變色禁之不可公怒歸之未之絶也蔡人嫁之

四年春王正月公會齊侯宋公陳侯衛侯鄭伯許男曹伯侵蔡蔡潰遂伐楚次于陘

四年春齊侯以諸侯之師侵蔡蔡潰遂伐楚楚

已有懼意

牛順風行馬逆風行

穆陵是極南地無棣是極北地蓋指征伐所詩及言辭令

子使與師言曰君處北海寡人處南海唯是風馬牛不相及也不虞君之涉吾地也何故管仲對曰昔召康公命我先君大公曰五侯九伯女實征之以夾輔周室賜我先君履東至于海西至于河南至于穆陵北至于無棣爾貢包茅不入王祭不共無以縮酒寡人是徵昭王南征而不復寡人是問對曰貢之不入寡君之罪也敢不共給昭王之不復君其問諸水濱師進次于陘

縱 巽 驕 屬

夏許男新臣卒

楚屈完來盟于師盟于召陵

夏楚子使屈完如師師退次于召陵齊侯陳諸侯之師與屈完乘而觀之齊侯曰豈不穀是爲先君之好是繼與不穀同好如何對曰君惠徼福於敝邑之社稷辱收寡君寡君之願也齊侯曰以此衆戰誰能禦之以此攻城何城不克對曰君若以德綏諸侯誰敢不服君若以力楚國方城以爲城漢水以爲池雖衆無所用之屈完

五出於字文
甚平而方

及諸侯盟

齊人執陳轅濤塗

陳轅濤塗謂鄭申侯曰師出於陳鄭之間國必甚病若出於東方觀兵於東夷循海而歸其可也申侯曰善濤塗以告齊侯許之申侯見曰師老矣若出於東方而遇敵懼不可用也若出於陳鄭之間共其資糧屝屨其可也齊侯說與之虎牢執轅濤塗

秋及江人黄人伐陳

秋伐陳討不忠也

八月公至自伐楚

葬許穆公

許穆公卒于師葬之以侯禮也凡諸侯薨于朝會加一等死王事加二等於是有以衮斂

冬十有二月公孫茲帥師會齊人宋人衛人鄭人許人曹人侵陳

冬叔孫戴伯帥師會諸侯之師侵陳陳成歸轅濤塗

簡而濃核而鍊

○初晉獻公欲以驪姬爲夫人卜之不吉筮之吉公曰從筮卜人曰筮短龜長不如從長且其繇曰專之渝攘公之羭一薰一蕕十年尚猶有臭必不可弗聽立之生奚齊其娣生卓子及將立奚齊既與中大夫成謀姬謂大子曰君夢齊姜必速祭之大子祭于曲沃歸胙于公公田姬寘諸宮六日公至毒而獻之公祭之地地墳與犬犬斃與小臣小臣亦斃姬泣曰賊由大子大子奔新城公殺其傅杜原款或謂大子子辭君必

獻公溺寵姬安詩死但辯明後事情費處家庭關終是不快

辯焉大子曰君非姬氏居不安食不飽我辭姬必有罪君老矣吾又不樂曰子其行乎大子曰君實不察其罪被此名也以出人誰納我十二月戊申縊于新城姬遂譖二公子曰皆知之重耳奔蒲夷吾奔屈

五年

○五年春王正月辛亥朔日南至公既視朔遂登觀臺以望而書禮也凡分至啓閉必書雲物爲備故也

左氏常套

不築則已築則必須堅豈有以築為不嚴命而不慎為不固備者乎大是曲說

春晉侯殺其世子申生

晉侯使以殺大子申生之故來告初晉侯使士蔿爲二子築蒲與屈不慎寘薪焉夷吾訴之公使讓之士蔿稽首而對曰臣聞之無喪而慼憂必讐焉無戎而城讐必保焉寇讐之保又何慎焉守官廢命不敬固讐之保不忠失忠與敬何以事君詩云懷德惟寧宗子惟城君其脩德而固宗子何城如之三年將尋師焉焉用慎退而賦曰狐裘尨茸一國三公吾誰適從及難公使

寺人披伐蒲重耳曰君父之命不校乃徇曰校者吾讐也踰垣而走披斬其袪遂出奔翟

杞伯姬來朝其子

夏公孫茲如牟

夏公孫茲如牟娶焉

公及齊侯宋公陳侯衛侯鄭伯許男曹伯會王世子于首止

會于首止會王大子鄭謀寧周也

○陳轅宣仲怨鄭申侯之反已於召陵故勸之城

其賜邑曰美城之大名也子孫不忘吾助子請
乃爲之請於諸侯而城之美遂譖諸鄭伯曰美
城其賜邑將以叛也申侯由是得罪
秋八月諸侯盟于首止　鄭伯逃歸不盟
秋諸侯盟王使周公召鄭伯曰吾撫女以從楚
輔之以晉可以少安鄭伯喜於王命而懼其不
朝於齊也故逃歸不盟孔叔止之曰國君不可
以輕輕則失親失親患必至病而乞盟所喪多
矣君必悔之弗聽逃其師而歸

大意已具略嫌未暢

楚人滅弦弦子奔黃

楚鬬穀於菟滅弦弦子奔黃於是江黃道柏方睦于齊皆弦姻也弦子恃之而不事楚又不設備故亡

九月戊申朔日有食之

冬晉人執虞公

晉侯復假道於虞以伐虢宮之奇諫曰虢虞之表也虢亡虞必從之晉不可啓寇不可翫一之謂甚其可再乎諺所謂輔車相依脣亡齒寒者

此下兩段卻暢

醒快

其虞虢之謂也公曰晉吾宗也豈害我哉對曰大伯虞仲大王之昭也大伯不從是以不嗣虢仲虢叔王季之穆也爲文王卿士勳在王室藏於盟府將虢是滅何愛於虞且虞能親於桓莊乎其愛之也桓莊之族何罪而以爲戮不唯偪乎親以寵偪猶尚害之況以國乎公曰吾享祀豐絜神必據我對曰臣聞之鬼神非人實親惟德是依故周書曰皇天無親惟德是輔又曰黍稷非馨明德惟馨又曰民不易物惟德繄物如

是則非德民不和神不享矣神所憑依將在德矣若晉取虞而明德以薦馨香神其吐之乎弗聽許晉使宮之奇以其族行曰虞不臘矣在此行也晉不更舉矣八月甲午晉侯圍上陽問於卜偃曰吾其濟乎對曰克之公曰何時對曰童謠云丙之晨龍尾伏辰均服振振取虢之旂鶉之賁賁天策焞焞火中成軍虢公其奔其九月十月之交乎丙子旦日在尾月在策鶉火中必是時也冬十二月丙子朔晉滅虢虢公醜奔京

師師還館于虞遂襲虞滅之執虞公及其大夫

井伯以媵秦穆姬而脩虞祀且歸其職貢於王

故書曰晉人執虞公罪虞且言易也

六年春王正月

○六年春晉侯使賈華伐屈夷吾不能守盟而行

將奔狄郤芮曰後出同走罪也不如之梁梁近

秦而幸焉乃之梁

夏公會齊侯宋公陳侯衛侯曹伯伐鄭圍新城

夏諸侯伐鄭以其逃首止之盟故也圍新密鄭

所以不時城也

秋楚人圍許諸侯遂救許

秋楚子圍許以救鄭諸侯救許乃還冬蔡穆侯將許僖公以見楚子於武城許男面縛銜璧大夫衰絰士輿櫬楚子問諸逢伯對曰昔武王克殷微子啟如是武王親釋其縛受其璧而祓之焚其櫬禮而命之使復其所楚子從之

冬公至自伐鄭

七年春齊人伐鄭

七年春齊人伐鄭孔叔言於鄭伯曰諺有之曰心則不競何憚於病既不能彊又不能弱所以斃也國危矣請下齊以救國公曰吾知其所由來矣姑少待我對曰朝不及夕何以待君

夏小邾子來朝

鄭殺其大夫申侯

夏鄭殺申侯以說于齊且用陳轅濤塗之譖也初申侯申出也有寵於楚文王文王將死與之璧使行曰唯我知女女專利而不厭予取予求

語補出

不女疵瑕也後之人將求多於女女必不免我死女必速行無適小國將不女容焉既葬出奔鄭又有寵於厲公子文聞其死也曰古人有言曰知臣莫若君弗可改也已

秋七月公會齊侯宋公陳世子款鄭世子華盟于甯母

秋盟于甯母謀鄭故也管仲言於齊侯曰臣聞之招攜以禮懷遠以德德禮不易無人不懷齊侯脩禮於諸侯諸侯官受方物鄭伯使大子華

正論

三轉

聽命於會言於齊侯曰洩氏孔氏子人氏三族實違君命若君去之以爲成我以鄭爲內臣君亦無所不利焉齊侯將許之管仲曰君以禮與信屬諸侯而以姦終之無乃不可乎子父不奸之謂禮守命共時之謂信違此二者姦莫大焉公曰諸侯有討於鄭未捷今苟有釁從之不亦可乎對曰君若綏之以德加之以訓辭而帥諸侯以討鄭鄭將覆亡之不暇豈敢不懼若摠其罪人以臨之鄭有辭矣何懼且夫合諸侯以崇

餘波

德也會而列姦何以示後嗣夫諸侯之會其德刑禮義無國不記記姦之位君盟替矣作而不記非盛德也君其勿許鄭必受盟夫子華既爲大子而求介於大國以弱其國亦必不免鄭有叔詹堵叔師叔三良爲政未可閒也齊侯辭焉子華由是得罪於鄭冬鄭伯使請盟于齊

曹伯班卒

○閏月惠王崩襄王惡大叔帶之難懼不立不發喪而告難于齊

公子友如齊

冬葬曹昭公

八年春王正月公會王人齊侯宋公衛侯許男曹伯陳世子款盟于洮鄭伯乞盟

八年春盟于洮謀王室也鄭伯乞盟請服也襄王定位而後發喪

夏狄伐晉

晉里克帥師梁由靡御虢射爲右以敗狄于采桑梁由靡曰狄無恥從之必大克里克曰懼之

而已無速衆狄虢射曰期年狄必至示之弱矣

夏狄伐晉報采桑之役也復期月

秋七月禘于大廟用致夫人

秋禘而致哀姜焉非禮也凡夫人不薨于寢不殯于廟不赴于同不祔于姑則弗致也

冬十有二月丁未天王崩

冬王人來告喪難故也是以緩

○宋公疾大子茲父固請曰目夷長且仁君其立之公命子魚子魚辭曰能以國讓仁孰大焉臣

古質 下三句與此本是一連語以桓公將下拜故揷入且有後命一句

不及也且又不順遂走而退

九年

九年春王三月丁丑宋公御說卒

九年春宋桓公卒未葬而襄公會諸侯故曰子凡在喪王曰小童公侯曰子

夏公會宰周公齊侯宋子衛侯鄭伯許男曹伯于葵丘

夏會于葵丘尋盟且脩好禮也王使宰孔賜齊侯胙曰天子有事于文武使孔賜伯舅胙齊侯將下拜孔曰且有後命天子使孔曰以伯舅耋

精文

老加勞賜一級無下拜對曰天威不違顏咫尺小白余敢貪天子之命無下拜恐隕越于下以遺天子羞敢不下拜下拜登受

秋七月乙酉伯姬卒

九月戊辰諸侯盟于葵丘

秋齊侯盟諸侯于葵丘曰凡我同盟之人既盟之後言歸于好宰孔先歸遇晉侯曰可無會也齊侯不務德而勤遠畧故北伐山戎南伐楚西爲此會也東畧之不知西則否矣其在亂乎君

務靖亂無勤於行晉侯乃還

甲子晉侯佹諸卒

九月晉獻公卒里克丕鄭欲納文公故以三公子之徒作亂初獻公使荀息傅奚齊公疾召之曰以是藐諸孤辱在大夫其若之何稽首而對曰臣竭其股肱之力加之以忠貞其濟君之靈也不濟則以死繼之公曰何謂忠貞對曰公家之利知無不爲忠也送往事居耦俱無猜貞也及里克將殺奚齊先告荀息曰三怨將作秦晉

輔之子將何如荀息曰將死之里克曰無益也

荀叔曰吾與先君言矣不可以貳能欲復言而

愛身乎雖無益也將焉辟之且人之欲善誰不

如我我欲無貳而能謂人已乎

冬晉里克殺其君之子奚齊

冬十月里克殺奚齊于次書曰殺其君之子未

葬也荀息將死之人曰不如立卓子而輔之荀

息立公子卓以葬十一月里克殺公子卓于朝

荀息死之君子曰詩所謂白圭之玷尚可磨也

斯言之玷不可爲也荀息有焉

○齊侯以諸侯之師伐晉及高梁而還討晉亂也令不及魯故不書

○晉郤芮使夷吾重賂秦以求入曰人實有國我何愛焉入而能民土於何有從之齊隰朋帥師會秦師納晉惠公秦伯謂郤芮曰公子誰恃對曰臣聞亡人無黨有黨必有讐夷吾弱不好弄能鬭不過長亦不改不識其他公謂公孫枝曰夷吾其定乎對曰臣聞之唯則定國詩曰不識

不知順帝之則文王之謂也又曰不僭不賊鮮不爲則無好無惡不忌不克之謂也今其言多忌克難哉公曰忌則多怨又焉能克是吾利也

○宋襄公卽位以公子目夷爲仁使爲左師以聽政於是宋治故魚氏世爲左師

十年春王正月公如齊

狄滅温温子奔衛

十年春狄滅温蘇子無信也蘇子叛王卽狄又不能於狄狄人伐之王不救故滅蘇子奔衛

晉里克弑其君卓及其大夫荀息

夏齊侯許男伐北戎

晉殺其大夫里克

夏四月周公忌父王子黨會齊隰朋立晉侯晉侯殺里克以說將殺里克公使謂之曰微子則不及此雖然子弑二君與一大夫為子君者不亦難乎對曰不有廢也君何以興欲加之罪其無辭乎臣聞命矣伏劍而死於是丕鄭聘于秦且謝緩賂故不及

此宜入下年

秋七月

○晉侯改葬共大子秋狐突適下國遇大子大子使登僕而告之曰夷吾無禮余得請於帝矣將以晉畀秦秦將祀余對曰臣聞之神不歆非類民不祀非族君祀無乃殄乎且民何罪失刑乏祀君其圖之君曰諾吾將復請七日新城西偏將有巫者而見我焉許之遂不見及期而往告之曰帝許我罰有罪矣敝於韓

○丕鄭之如秦也言於秦伯曰呂甥郤稱冀芮實

爲不從若重問以召之臣出晉君君納重耳蔑不濟矣

冬大雨雪

○冬秦伯使泠至報問且召三子郤芮曰幣重而言甘誘我也遂殺丕鄭祁舉及七輿大夫左行共華右行賈華叔堅騅歂纍虎特宮山祁皆里丕之黨也丕豹奔秦言於秦伯曰晉侯背大主而忌小怨民弗與也伐之必出公曰失衆焉能殺違禍誰能出君

左氏套語

十有一年春晉殺其大夫丕鄭父

十一年春晉侯使以丕鄭之亂來告

○天王使召武公內史過賜晉侯命受玉惰過歸告王曰晉侯其無後乎王賜之命而惰於受瑞先自棄也已其何繼之有禮國之幹也敬禮之輿也不敬則禮不行禮不行則上下昏何以長世

夏公及夫人姜氏會齊侯于陽穀

○夏揚拒泉皐伊雒之戎同伐京師入王城焚東

門王子帶召之也秦晉伐戎以救周秋晉侯平
戎于王
秋八月大雩
冬楚人伐黃
黃人不歸楚貢冬楚人伐黃
十有二年春王三月庚午日有食之
○十二年春諸侯城衛楚丘之郛懼狄難也
夏楚人滅黃
黃人恃諸侯之睦于齊也不共楚職曰自郢及

我九百里焉能害我夏楚滅黄

秋七月

○王以戎難故討王子帶秋王子帶奔齊

○冬齊侯使管夷吾平戎于王使隰朋平戎于晉王以上卿之禮饗管仲管仲辭曰臣賤有司也有天子之二守國高在若節春秋來承王命何以禮焉陪臣敢辭王曰舅氏余嘉乃勳應乃懿德謂督不忘往踐乃職無逆朕命管仲受下卿之禮而還君子曰管氏之世祀也宜哉讓不忘

其上詩曰愷悌君子神所勞矣

冬十有二月丁丑陳侯杵臼卒

十有三年春狄侵衛

○十三年春齊侯使仲孫湫聘于周且言王子帶事畢不與王言歸復命曰未可王怒未怠其十年乎不十年王弗召也

夏四月葬陳宣公

公會齊侯宋公陳侯衛侯鄭伯許男曹伯于鹹

夏會于鹹淮夷病杞故且謀王室也秋爲戎難

辨利害

公論

痛快

故諸侯戍周齊仲孫湫致之

秋九月大雩

冬公子友如齊

○冬晉薦饑使乞糴于秦秦伯謂子桑與諸乎對曰重施而報君將何求重施而不報其民必攜攜而討焉無衆必敗謂百里與諸乎對曰天災流行國家代有救災恤鄰道也行道有福丕鄭之子豹在秦請伐晉秦伯曰其君是惡其民何罪秦於是乎輸粟于晉自雍及絳相繼命之曰

汎舟之役

十有四年春諸侯城緣陵

十四年春諸侯城緣陵而遷杞焉不書其人有闕也

夏六月季姬及鄫子遇于防使鄫子來朝

鄫季姬來寧公怒止之以鄫子之不朝也夏遇于防而使來朝

秋八月辛卯沙鹿崩

秋八月辛卯沙鹿崩晉卜偃曰期年將有大咎

太方

卑而拙

幾亡國

狄侵鄭

冬蔡侯肸卒

○冬秦饑使乞糴于晉晉人弗與慶鄭曰背施無親幸災不仁貪愛不祥怒鄰不義四德皆失何以守國虢射曰皮之不存毛將安傅慶鄭曰弃信背鄰患孰恤之無信患作失援必斃是則然矣虢射曰無損於怨而厚於寇不如勿與慶鄭曰背施幸災民所弃也近猶讎之況怨敵乎弗

聽退曰君其悔是哉

十有五年春王正月公如齊

楚人伐徐

十五年春楚人伐徐徐即諸夏故也

三月公會齊侯宋公陳侯衛侯鄭伯許男曹伯盟于牡丘遂次于匡公孫敖帥師及諸侯之大夫救徐

三月盟于牡丘尋葵丘之盟且救徐也孟穆伯帥師及諸侯之師救徐諸侯次于匡以待之

夏五月日有食之

夏五月日有食之不書朔與日官失之也

秋七月齊師曹師伐厲

秋伐厲以救徐也

八月螽

九月公至自會

季姬歸于鄫

己卯晦震夷伯之廟

震夷伯之廟罪之也於是展氏有隱慝焉

綜括諸事以類同左氏每多此法而此段繁簡得中錯落有態尤為妙構西山獨取之良有以

冬宋人伐曹

冬宋人伐曹討舊怨也

楚人敗徐于婁林

楚敗徐于婁林徐恃救也

十有一月壬戌晉侯及秦伯戰于韓獲晉侯

晉侯之入也秦穆姬屬賈君焉且曰盡納羣公子晉侯烝於賈君又不納羣公子是以穆姬怨之晉侯許賂中大夫既而皆背之賂秦伯以河外列城五東盡虢略南及華山內及解梁城既

對上句作偶語妙

去與驅同

亦流動

而不與晉饑秦輸之粟秦饑晉閉之糴故秦伯伐晉卜徒父筮之吉涉河侯車敗詰之對曰乃大吉也三敗必獲晉君其卦遇蠱䷑曰千乘三去三去之餘獲其雄狐夫狐蠱必其君也蠱之貞風也其悔山也歲云秋矣我落其實而取其材所以克也實落材亡不敗何待三敗及韓晉侯謂慶鄭曰寇深矣若之何對曰君實深之可若何公曰不孫卜右慶鄭吉弗使步揚御戎家僕徒爲右乘小駟鄭入也慶鄭曰古者大事必

語稍覺繁

馬不宜只將與人易句已足何須說到此總語却上

簡鍊

史濃

乘其產生其水土而知其人心安其教訓而服
習其道唯所納之無不如志今乘異產以從戎
事及懼而變將與人易亂氣狡憤陰血周作張
脈僨興外彊中乾進退不可周旋不能君必悔
之弗聽九月晉侯逆秦師使韓簡視師復曰師
少於我鬬士倍我公曰何故對曰出因其資入
用其寵饑食其粟三施而無報是以來也今又
擊之我怠秦奮倍猶未也公曰一夫不可狃況
國乎遂使請戰曰寡人不佞能合其衆而不能

倉忙中卻如此調文然語絕工真可謂神品

離也君若不還無所逃命秦伯使公孫枝對曰君之未入寡人懼之入而未定列猶吾憂也苟列定矣敢不承命韓簡退曰吾幸而得囚壬戌戰于韓原晉戎馬還濘而止公號慶鄭慶鄭曰愎諫違卜固敗是求又何逃焉遂去之梁由靡御韓簡虢射為右輅秦伯將止之鄭以救公誤之遂失秦伯秦獲晉侯以歸晉大夫反首拔舍從之秦伯使辭焉曰二三子何其慼也寡人之從君而西也亦晉之妖夢是踐豈敢以至晉大

文絕陗勁然其着力處却只在四以字上

夫三拜稽首曰君履后土而戴皇天皇天后土實聞君之言羣臣敢在下風穆姬聞晉侯將至以大子罃弘與女簡璧登臺而履薪焉使以免服衰絰逆且告曰上天降災使我兩君匪以玉帛相見而以興戎若晉君朝以入則婢子夕以死夕以入則朝以死唯君裁之乃舍諸靈臺大夫請以入公曰獲晉侯以厚歸也既而喪歸焉用之大夫其何有焉且晉人慼憂以重我天地以要我不圖晉憂重其怒也我食吾言背天地

作文若無奇如此段事節節生奇而揉瓶者又句鍊字琢以鬬奇此等文字在古今真不多得

也重怒難任背天不祥必歸晉君公子縶曰不如殺之無聚慝焉子桑曰歸之而質其大子必得大成晉未可滅而殺其君祇以成惡且史佚有言曰無始禍無怙亂無重怒重怒難任陵人不祥乃許晉平晉侯使郤乞告瑕呂飴甥且召之子金教之言曰朝國人而以君命賞且告之曰孤雖歸辱社稷矣其卜貳圉也衆皆哭晉於是乎作爰田呂甥曰君亡之不恤而羣臣是憂惠之至也將若君何衆曰何爲而可對曰征繕

衆哭說互應有致

錄刻中却跌宕

太涉傅會此所謂其失也誣

以輔孺子諸侯聞之喪君有君羣臣輯睦甲兵益多好我者勸惡我者懼庶有益乎衆說晉於是乎作州兵初晉獻公筮嫁伯姬於秦遇歸妹䷵之睽䷥史蘇占之曰不吉其繇曰士刲羊亦無衁也女承筐亦無貺也西鄰責言不可償也歸妹之睽猶無相也震之離亦離之震爲雷爲火爲嬴敗姬車說其輹火焚其旗不利行師敗于宗丘歸妹睽孤寇張之弧姪其從姑六年其逋逃歸其國而弃其家明年其死於高梁之虛

借不和以見奇意謂奇盡矣乃復又出此論眞可謂奇之又奇一劫一請然總之皆回不憚總信

及惠公在秦曰先君若從史蘇之占吾不及此夫韓簡侍曰龜象也筮數也物生而後有象象而後有滋滋而後有數先君之敗德及可數乎史蘇是占勿從何益詩曰下民之孽匪降自天僔沓背憎職競由人十月晉陰飴甥會秦伯盟于王城秦伯曰晉國和乎對曰不和小人恥失其君而悼喪其親不憚征繕以立圉也曰必報讎寧事戎狄君子愛其君而知其罪不憚征繕以待秦命曰必報德有死無二以此不和秦伯

常論常調

曰國謂君何對曰小人慼謂之不免君子恕以爲必歸小人曰我毒秦秦豈歸君君子曰我知罪矣秦必歸君貳而執之服而舍之德莫厚焉刑莫威焉服者懷德貳者畏刑此一役也秦可以霸納而不定廢而不立以德爲怨秦不其然秦伯曰是吾心也改館晉侯饋七牢焉蛾析謂慶鄭曰盍行乎對曰陷君於敗敗而不死又使失刑非人臣也臣而不臣行將焉入十一月晉侯歸丁丑殺慶鄭而後入是歲晉又饑秦伯又

此事亦偶湊然以襯帖前項各事則濃

饑之衆曰吾怨其君而矜其民且吾聞唐叔之封也箕子曰其後必大晉其庸可冀乎姑樹德焉以待能者於是秦始征晉河東置官司焉

十有六年春王正月戊申朔隕石于宋五是月六鷁退飛過宋都

十六年春隕石于宋五隕星也六鷁退飛過宋都風也周內史叔興聘于宋宋襄公問焉曰是何祥也吉凶焉在對曰今茲魯多大喪明年齊有亂君將得諸侯而不終退而告人曰君失問

是陰陽之事非吉凶所生也吉凶由人吾不敢逆君故也

三月壬申公子季友卒

夏四月丙申鄫季姬卒

○夏齊伐厲不克救徐而還

秋七月甲子公孫茲卒

○秋狄侵晉取狐廚受鐸涉汾及昆都因晉敗也

○王以戎難告于齊齊徵諸侯而戍周

○冬十一月乙卯鄭殺子華

此似父試子卜如康節伯溫然

冬十有二月公會齊侯宋公陳侯衛侯鄭伯許男邢侯曹伯于淮

十二月會于淮謀鄫且東略也城鄫役人病有夜登丘而呼曰齊有亂不果城而還

十有七年春齊人徐人伐英氏

十七年春齊人爲徐伐英氏以報婁林之役也○夏晉大子圉爲質於秦秦歸河東而妻之惠公之在梁也梁伯妻之梁嬴孕過期卜招父與其子卜之其子曰將生一男一女招曰然男爲人

臣女爲人妾故名男曰圉女曰妾及子圉西質妾爲宦女焉

夏滅項

師滅項淮之會公有諸侯之事未歸而取項齊人以爲討而止公

秋夫人姜氏會齊侯于卞

秋聲姜以公故會齊侯于卞

九月公至自會

九月公至書曰至自會猶有諸侯之事焉且諱

之也

冬十有二月乙亥齊侯小白卒

齊侯之夫人三王姬徐嬴蔡姬皆無子齊侯好內多內寵內嬖如夫人者六人長衛姬生武孟少衛姬生惠公鄭姬生孝公葛嬴生昭公密姬生懿公宋華子生公子雍公與管仲屬孝公於宋襄公以爲大子雍巫有寵於衛共姬因寺人貂以薦羞於公亦有寵公許之立武孟管仲卒五公子皆求立冬十月乙亥齊桓公卒易牙入

與寺人貂因內寵以殺羣吏而立公子無虧孝公奔宋十二月乙亥赴辛巳夜殯

十有八年春王正月宋公曹伯衛人邾人伐齊

十八年春宋襄公以諸侯伐齊三月齊人殺無虧

○鄭伯始朝于楚楚子賜之金既而悔之與之盟曰無以鑄兵故以鑄三鍾

夏師救齊

五月戊寅宋師及齊師戰于甗齊師敗績

齊人將立孝公不勝四公子之徒遂與宋人戰

夏五月宋敗齊師于甗立孝公而還

狄救齊

秋八月丁亥葬齊桓公

秋八月葬齊桓公

冬邢人狄人伐衛

冬邢人狄人伐衛圍菟圃衛侯以國讓父兄子弟及朝衆曰苟能治之燬請從焉衆不可而後

師于訾婁狄師還

○梁伯益其國而不能實也命曰新里秦取之

十有九年

○十九年春遂城而居之

春王三月宋人執滕子嬰齊

宋人執滕宣公

夏六月宋公曹人邾人盟于曹南　鄫子會盟于

邾　己酉邾人執鄫子用之

夏宋公使邾文公用鄫子于次睢之社欲以屬

東夷司馬子魚曰古者六畜不相為用小事不

用大牲而況敢用人乎祭祀以爲人也民神之主也用人其誰饗之齊桓公存三亡國以屬諸侯義士猶曰薄德今一會而虐二國之君又用諸淫昏之鬼將以求霸不亦難乎得死爲幸

秋宋人圍曹

宋人圍曹討不服也子魚言於宋公曰文王聞崇德亂而伐之軍三旬而不降退脩教而復伐之因壘而降詩曰刑于寡妻至于兄弟以御于家邦今君德無乃猶有所闕而以伐人若之何

益姑內省德乎無闕而後動

衞人伐邢

秋衞人伐邢以報菟圃之役於是衞大旱卜有事於山川不吉甯莊子曰昔周饑克殷而年豐今邢方無道諸侯無伯天其或者欲使衞討邢乎從之師興而雨

冬會陳人蔡人楚人鄭人盟于齊

陳穆公請脩好於諸侯以無忘齊桓之德冬盟于齊脩桓公之好也

梁亡
梁亡不書其主自取之也初梁伯好土功亟城而弗處民罷而弗堪則曰某寇將至乃溝公宮曰秦將襲我民懼而潰秦遂取梁
二十年春新作南門
二十年春新作南門書不時也凡啟塞從時
夏郜子來朝
五月乙巳西宮災
鄭人入滑

滑人叛鄭而服於衛夏鄭公子士洩堵寇帥師入滑

秋齊人狄人盟于邢

秋齊狄盟于邢爲邢謀衛難也於是衛方病邢

冬楚人伐隨

隨以漢東諸侯叛楚冬楚鬬穀於菟帥師伐隨取成而還君子曰隨之見伐不量力也量力而動其過鮮矣善敗由己而由人乎哉詩曰豈不夙夜謂行多露

○宋襄公欲合諸侯臧文仲聞之曰以欲從人則可以人從欲鮮濟

二十有一年春狄侵衞

宋人齊人楚人盟于鹿上

二十一年春宋人爲鹿上之盟以求諸侯於楚楚人許之公子目夷曰小國爭盟禍也宋其亡乎幸而後敗

夏大旱

夏大旱公欲焚巫尪臧文仲曰非旱備也脩城

郭貶食省用務穡勸分此其務也巫尪何爲天欲殺之則如勿生若能爲旱焚之滋甚公從之是歲也饑而不害

秋宋公楚子陳侯蔡侯鄭伯許男曹伯會于盂執宋公以伐宋

秋諸侯會宋公于盂子魚曰禍其在此乎君欲已甚其何以堪之於是楚執宋公以伐宋冬會于薄以釋之子魚曰禍猶未也未足以懲君

冬公伐邾

任宿須句顓史風姓也實司大皥與有濟之祀以服事諸夏邾人滅須句須句子來奔因成風也成風爲之言於公曰崇明祀保小寡周禮也蠻夷猾夏周禍也若封須句是崇皥濟而脩祀紓禍也

楚人使宜申來獻捷

十有二月癸丑公會諸侯盟于薄釋宋公

二十有二年春公伐邾取須句

二十二年春伐邾取須句反其君焉禮也

夏宋公衞侯許男滕子伐鄭

三月鄭伯如楚夏宋公伐鄭子魚曰所謂禍在此矣

○初平王之東遷也辛有適伊川見被髮而祭於野者曰不及百年此其戎乎其禮先亡矣秋秦晉遷陸渾之戎于伊川

○晉大子圉爲質於秦將逃歸謂嬴氏曰與子歸乎對曰子晉大子而辱於秦子之欲歸不亦宜乎寡君之使婢子侍執巾櫛以固子也從子而

小有錯落使活動

歸弃君命也不敢從亦不敢言遂逃歸

○富辰言於王曰請召大叔詩曰協比其鄰昏姻孔云吾兄弟之不協焉能怨諸侯之不睦王說王子帶自齊復歸于京師王召之也

秋八月丁未及邾人戰于升陘

邾人以須句故出師公卑邾不設備而禦之臧文仲曰國無小不可易也無備雖衆不可恃也詩曰戰戰兢兢如臨深淵如履薄冰又曰敬之敬之天維顯思命不易哉先王之明德猶無不

難也無不懼也況我小國乎君其無謂邾小蠭蠆有毒而況國乎弗聽八月丁未公及邾師戰于升陘我師敗績邾人獲公冑縣諸魚門

冬十有一月己巳朔宋公及楚人戰于泓宋師敗績

楚人伐宋以救鄭宋公將戰大司馬固諫曰天之棄商久矣君將興之弗可赦也已弗聽冬十一月己巳朔宋公及楚人戰于泓宋人既成列楚人未既濟司馬曰彼衆我寡及其未既濟也

論得盡勁而淨此與戰國策同法但彼鬆此鍊彼薄此濃轉折應前三意

請擊之公曰不可既濟而未成列又以告公曰未可既陳而後擊之宋師敗績公傷股門官殲焉國人皆咎公公曰君子不重傷不禽二毛古之爲軍也不以阻隘也寡人雖亡國之餘不鼓不成列子魚曰君未知戰勍敵之人隘而不列天贊我也阻而鼓之不亦可乎猶有懼焉且今之勍者皆吾敵也雖及胡耇獲則取之何有於二毛明恥教戰求殺敵也傷未及死如何勿重若愛重傷則如勿傷愛其二毛則如服焉三軍

前絶峻利收
處却平緩

以利用也金鼓以聲氣也利而用之阻隘可也
聲盛致志鼓儳可也
○丙子晨鄭文夫人芊氏姜氏勞楚子於柯澤楚
子使師縉示之俘馘君子曰非禮也婦人送迎
不出門見兄弟不踰閾戎事不邇女器丁丑楚
子入饗于鄭九獻庭實旅百加籩豆六品饗畢
夜出文芊送于軍取鄭二姬以歸叔詹曰楚王
其不沒乎爲禮卒於無別無別不可謂禮將何
以沒諸侯是以知其不遂霸也

二十有三年春齊侯伐宋圍緡

二十三年春齊侯伐宋圍緡以討其不與盟于齊也

夏五月庚寅宋公茲父卒

夏五月宋襄公卒傷於泓故也

秋楚人伐陳

秋楚成得臣帥師伐陳討其貳於宋也遂取焦夷城頓而還子文以爲之功使爲令尹叔伯曰子若國何對曰吾以靖國也夫有大功而無貴

與音預連下有幾為句

不甚濃

仕其人能靖者與有幾

○九月晉惠公卒懷公命無從亡人期期而不至無赦狐突之子毛及偃從重耳在秦弗召冬懷公執狐突曰子來則免對曰子之能仕父教之忠古之制也策名委質貳乃辟也今臣之子名在重耳有年數矣若又召之教之貳也父教子貳何以事君刑之不濫君之明也臣之願也淫刑以逞誰則無罪臣聞命矣乃殺之卜偃稱疾不出曰周書有之乃大明服己則不明而殺人

以可與國語
參看彼繁此
簡各有詳
此事已見前
語微不同

以逞不亦難乎民不見德而唯戮是聞其何後之有

冬十有一月杞子卒

十一月杞成公卒書曰子杞夷也不書名未同盟也凡諸侯同盟死則赴以名禮也赴以名則亦書之不然則否辟不敏也

○晉公子重耳之及於難也晉人伐諸蒲城蒲城人欲戰重耳不可曰保君父之命而享其生祿於是乎得人有人而校罪莫大焉吾其奔也遂

或稱名或稱謚或稱字不拘其凡例

國語與此爭而有子犯語甚詳

此簡却勝國無不盡

奔狄從者狐偃趙衰顛頡魏武子司空季子狄人伐廧咎如獲其二女叔隗季隗納諸公子公子取季隗生伯儵叔劉以叔隗妻趙衰生盾將適齊謂季隗曰待我二十五年不來而後嫁對曰我二十五年矣又如是而嫁則就木焉請待子處狄十二年而行過衛衛文公不禮焉出於五鹿乞食於野人野人與之塊公子怒欲鞭之子犯曰天賜也稽首受而載之及齊齊桓公妻之有馬二十乘公子安之從者以為不可將行

國語語甚詳然不如此一句爲濃只看戈逐一語不看子犯語固縕藉

今讀傳反璧語本此

謀於桑下蠶妾在其上以告姜氏姜氏殺之而謂公子曰子有四方之志其聞之者吾殺之矣公子曰無之姜曰行也懷與安實敗名公子不可姜與子犯謀醉而遣之醒以戈逐子犯及曹曹共公聞其駢脅欲觀其裸浴薄而觀之僖負羈之妻曰吾觀晉公子之從者皆足以相國若以相夫子必反其國反其國必得志於諸侯得志於諸侯而誅無禮曹其首也子盍蚤自貳焉乃饋盤飱寘璧焉公子受飱反璧及宋宋襄公

只載叔詹語足該餘可例見外傳詳述寗莊僖負羈公孫固諸辭太繁翻覺味短

絕錬淨

此與外傳同

有波有華

贈之以馬二十乘及鄭鄭文公亦不禮焉叔詹諫曰臣聞天之所啟人弗及也晉公子有三焉天其或者將建諸君其禮焉男女同姓其生不蕃晉公子姬出也而至于今一也離外之患而天不靖晉國殆將啟之二也有三士足以上人而從之三也晉鄭同儕其過子弟固將禮焉況天之所啟乎弗聽及楚楚子饗之曰公子若反晉國則何以報不穀對曰子女玉帛則君有之羽毛齒革則君地生焉其波及晉國者君之餘

壯

工有態

外傳同

只降服而囚

使行不述秦

也其何以報君曰雖然何以報我對曰若以君之靈得反晉國晉楚治兵遇於中原其辟君三舍若不獲命其左執鞭弭右屬櫜鞬以與君周旋子玉請殺之楚子曰晉公子廣而儉文而有禮其從者肅而寬忠而能力晉侯無親外內惡之吾聞姬姓唐叔之後其後衰者也其將由晉公子乎天將興之誰能廢之違天必有大咎乃送諸秦秦伯納女五人懷嬴與焉奉匜沃盥既而揮之怒曰秦晉匹也何以卑我公子懼降服

伯及諸賢語最有醞藉國語註謂是河水以字相似誤或是此從簡亦是法但無由見子餘之文外傳同

而囚他日公享之子犯曰吾不如衰之文也請使衰從公子賦河水公賦六月趙衰曰重耳拜賜公子降拜稽首公降一級而辭焉衰曰君稱所以佐天子者命重耳重耳敢不拜

二十有四年春王正月

○二十四年春王正月秦伯納之不書不告入也及河子犯以璧授公子曰臣負羈紲從君巡於天下臣之罪甚多矣臣猶知之而況君乎請由此亡公子曰所不與舅氏同心者有如白水投

國語此處有懷公奔高梁五字於事情較明外傳同彷彿敘經文書法

其璧于河濟河圍令狐入桑泉取臼衰二月甲午晉師軍于廬柳秦伯使公子縶如晉師師退軍于郇辛丑狐偃及秦晉之大夫盟于郇壬寅公子入于晉師丙午入于曲沃丁未朝于武宮戊申使殺懷公于高梁不書亦不告也

○呂郤畏偪將焚公宮而弒晉侯寺人披請見公使讓之且辭焉曰蒲城之役君命一宿女即至其後余從狄君以田渭濱女爲惠公來求殺余命女三宿女中宿至雖有君命何其速也夫祛

緊切

猶在女其行乎對曰臣謂君之入也其知之矣若猶未也又將及難君命無二古之制也除君之惡唯力是視蒲人狄人余何有焉今君即位其無蒲狄乎齊桓公置射鉤而使管仲相君若易之何辱命焉行者甚衆豈唯刑臣公見之以難告三月晉侯潛會秦伯于王城已丑晦公宮火瑕甥郤芮不獲公乃如河上秦伯誘而殺之晉侯逆夫人嬴氏以歸秦伯送衛於晉三千人實紀綱之僕

○初晉侯之豎頭須守藏者也其出也竊藏以逃盡用以求納之及入求見公辭焉以沐謂僕人曰沐則心覆心覆則圖反宜吾不得見也居者爲社稷之守行者爲羈紲之僕其亦可也何必罪居者國君而讐匹夫懼者甚衆矣僕人以告公遽見之

○狄人歸季隗于晉而請其二子文公妻趙衰生原同屏括樓嬰趙姬請逆盾與其母子餘辭姬曰得寵而忘舊何以使人必逆之固請許之來

勁

高論伊周所未發然微嫌太深刻若以自責則可

以盾爲才固請于公以爲嫡子而使其三子下之以叔隗爲內子而巳下之

○晉侯賞從亡者介之推不言祿祿亦弗及推曰獻公之子九人唯君在矣惠懷無親外內弃之天未絕晉必將有主主晉祀者非君而誰天實置之而二三子以爲巳力不亦誣乎竊人之財猶謂之盜況貪天之功以爲巳力乎下義其罪上賞其姦上下相蒙難與處矣其母曰盍亦求之以死誰懟對曰尤而效之罪又甚焉且出怨

敘來因簡核

忽用縱句在左又爲小變便近戰國其文機只在之也二字上

言不食其食其母曰亦使知之若何對曰言身之文也身將隱焉用文之是求顯也其母曰能如是乎與女偕隱遂隱而死晉侯求之不獲以緜上爲之田曰以志吾過且旌善人

夏狄伐鄭

鄭之入滑也滑人聽命師還又卽衛鄭公子士洩堵俞彌帥師伐滑王使伯服游孫伯如鄭請滑鄭伯怨惠王之入而不與厲公爵也又怨襄王之與衛滑也故不聽王命而執二子王怒將

述周

說王

以狄伐鄭富辰諫曰不可臣聞之大上以德撫民其次親親以相及也昔周公弔二叔之不咸故封建親戚以蕃屏周管蔡郕霍魯衛毛聃郜雍曹滕畢原豐郇文之昭也邘晉應韓武之穆也凡蔣邢茅胙祭周公之胤也召穆公思周德之不類故糾合宗族于成周而作詩曰常棣之華鄂不韡韡凡今之人莫如兄弟其四章曰兄弟鬩于牆外禦其侮如是則兄弟雖有小忿不廢懿親今天子不忍小忿以弃鄭親其若之何

泛論

分别鄭狄

又申前述周意

庸勳親親暱近尊賢德之大者也即聾從昧與頑用嚚姦之大者也弃德從姦禍之大者也鄭有平惠之勳又有厲宣之親弃嬖寵而用三良於諸姬爲近四德具矣耳不聽五聲之和爲聾目不別五色之章爲昧心不則德義之經爲頑口不道忠信之言爲嚚狄皆則之四姦具矣周之有懿德也猶曰莫如兄弟故封建之其懷柔天下也猶懼有外侮扞禦侮者莫如親親故以親屏周召穆公亦云今周德既衰於是乎又渝

諫王一
兩語總斷收

周召以從諸姦無乃不可乎民未忘禍王又興之其若文武何王弗聽使頹叔桃子出狄師夏狄伐鄭取櫟王德狄人將以其女爲后富辰諫曰不可臣聞之曰報者倦矣施者未厭狄固貪惏王又啟之女德無極婦怨無終狄必爲患王又弗聽初甘昭公有寵於惠后惠后將立之未及而卒昭公奔齊王復之又通於隗氏王替隗氏頹叔桃子曰我實使狄狄其怨我遂奉大叔以狄師攻王王御士將禦之王曰先后其謂我

何寧使諸侯圖之王遂出及坎欿國人納之秋頽叔桃子奉大叔以狄師伐周大敗周師獲周公忌父原伯毛伯富辰王出適鄭處于氾大叔以隗氏居于温

○鄭子華之弟子臧出奔宋好聚鷸冠鄭伯聞而惡之使盜誘之八月盜殺之于陳宋之間君子曰服之不衷身之災也詩曰彼己之子不稱其服子臧之服不稱也夫詩曰自詒伊慼其子臧之謂矣夏書曰地平天成稱也

辭命

以著色佳

○宋及楚平宋成公如楚還入於鄭鄭伯將享之問禮於皇武子對曰宋先代之後也於周爲客天子有事膰焉有喪拜焉豐厚可也鄭伯從之享宋公有加禮也

秋七月

冬天王出居于鄭

冬王使來告難曰不穀不德得罪于母弟之寵子帶鄙在鄭地氾敢告叔父臧文仲對曰天子蒙塵于外敢不奔問官守王使簡師父告于晉

使左鄢父告于秦天子無出書曰天王出居于鄭辟母弟之難也天子凶服降名禮也鄭伯與孔將鉏石甲父侯宣多省視官具于氾而後聽其私政禮也

晉侯夷吾卒

○衛人將伐邢禮至曰不得其守國不可得也我請昆弟仕焉乃往得仕

二十有五年春王正月丙午衛侯燬滅邢

二十五年春衛人伐邢二禮從國子巡城掖以

赴外殺之正月丙午衞侯燬滅邢同姓也故名禮至爲銘曰余掖殺國子莫余敢止

○秦伯師于河上將納王狐偃言於晉侯曰求諸侯莫如勤王諸侯信之且大義也繼文之業而信宣於諸侯今爲可矣使卜偃卜之曰吉遇黃帝戰于阪泉之兆公曰吾不堪也對曰周禮未改今之王古之帝也公曰筮之筮之遇大有䷍之睽䷥曰吉遇公用享于天子之卦戰克而王饗吉孰大焉且是卦也天爲澤以當日天子降

又此三句以視國語四十餘句繁簡各具法

國語語亦長然彼二篇俱絕佳

心以逆公不亦可乎大有去睽而復亦其所也晉侯辭秦師而下三月甲辰次于陽樊右師圍溫左師逆王夏四月丁巳王入于王城取大叔于溫殺之于隰城戊午晉侯朝王王饗醴命之宥請隧弗許曰王章也未有代德而有二王亦叔父之所惡也與之陽樊溫原欑茅之田晉於是始啟南陽陽樊不服圍之倉葛呼曰德以柔中國刑以威四夷宜吾不敢服也此誰非王之親姻其俘之也乃出其民

夏四月癸酉衛侯燬卒

宋蕩伯姬來逆婦

宋殺其大夫

秋楚人圍陳納頓子于頓

秋秦晉伐鄀楚鬭克屈禦寇以申息之師戍商密秦人過析隈入而係輿人以圍商密昏而傳焉宵坎血加書偽與子儀子邊盟者商密人懼曰秦取析矣戍人反矣乃降秦師秦師囚申公子儀息公子邊以歸楚令尹子玉追秦師弗及

遂圍陳納頓子于頓

葬衛文公

○冬晉侯圍原命三日之糧原不降命去之諜出曰原將降矣軍吏曰請待之公曰信國之寶也民之所庇也得原失信何以庇之所亡滋多退一舍而原降遷原伯貫于冀趙衰爲原大夫狐溱爲溫大夫

冬十有二月癸亥公會衛子莒慶盟于洮

衛人平莒于我十二月盟于洮脩衛文公之好

且及莒平也

○晉侯問原守於寺人勃鞮對曰昔趙衰以壺飧

從徑餒而弗食故使處原

二十有六年春王正月己未公會莒子衛甯速盟

于向

二十六年春王正月公會莒茲丕公甯莊子盟

于向尋洮之盟也

齊人侵我西鄙公追齊師至酅弗及

齊師侵我西鄙討是二盟也

辭命

國語罄作磬注言磬者府藏空虛但有榱梁如懸磬也近是

伯玉謂是神品亦未敢謂然左氏常語

夏齊人伐我北鄙　衛人伐齊

夏齊孝公伐我北鄙衛人伐齊洮之盟故也公使展喜犒師使受命于展禽齊侯未入竟展喜從之曰寡君聞君親舉玉趾將辱於敝邑使下臣犒執事齊侯曰魯人恐乎對曰小人恐矣君子則否齊侯曰室如縣罄野無青草何恃而不恐對曰恃先王之命昔周公大公股肱周室夾輔成王成王勞之而賜之盟曰世世子孫無相害也載在盟府大師職之桓公是以糾合諸侯

一句點破

而謀其不恊彌縫其闕而匡救其災昭舊職也
及君即位諸侯之望曰其率桓之功我敝邑用
不敢保聚曰豈其嗣世九年而弃命廢職其若
先君何君必不然恃此以不恐齊侯乃還

公子遂如楚乞師

東門襄仲臧文仲如楚乞師臧孫見子玉而道
之伐齊宋以其不臣也

秋楚人滅夔以夔子歸

夔子不祀祝融與鬻熊楚人讓之對曰我先王

熊摯有疾鬼神弗赦而自竄于夔吾是以失楚又何祀焉秋楚成得臣鬬宜申帥師滅夔以夔子歸

冬楚人伐宋圍緡

宋以其善於晉侯也叛楚卽晉冬楚令尹子玉司馬子西帥師伐宋圍緡

公以楚師伐齊取穀公至自伐齊

公以楚師伐齊取穀凡師能左右之曰以寘桓公子雍於穀易牙奉之以爲魯援楚申公叔侯

戍之桓公之子七人爲七大夫於楚

二十有七年春杞子來朝

二十七年春杞桓公來朝用夷禮故曰子公卑

杞杞不共也

夏六月庚寅齊侯昭卒　秋八月乙未葬齊孝公

夏齊孝公卒有齊怨不廢喪紀禮也

乙巳公子遂帥師入杞

秋入杞責無禮也

冬楚人陳侯蔡侯鄭伯許男圍宋

楚子將圍宋使子文治兵於睽終朝而畢不戮一人子玉復治兵於蔿終日而畢鞭七人貫三人耳國老皆賀子文子文飲之酒蔿賈尚幼後至不賀子文問之對曰不知所賀子之傳政於子玉曰以靖國也靖諸內而敗諸外所獲幾何子玉之敗子之舉也舉以敗國將何賀焉子玉剛而無禮不可以治民過三百乘其不能以入矣苟入而賀何後之有冬楚子及諸侯圍宋宋公孫固如晉告急先軫曰報施救患取威定霸

於是乎在矣狐偃曰楚始得曹而新昏於衛若伐曹衛楚必救之則齊宋免矣於是乎蒐于被廬作三軍謀元帥趙衰曰郤穀可臣亟聞其言矣説禮樂而敦詩書詩書義之府也禮樂德之則也德義利之本也夏書曰賦納以言明試以功車服以庸君其試之乃使郤穀將中軍郤溱佐之使狐偃將上軍讓於狐毛而佐之命趙衰爲卿讓於欒枝先軫使欒枝將下軍先軫佐之荀林父御戎魏犫爲右晉侯始入而教其民二

方而拙

年欲用之子犯曰民未知義未安其居於是乎出定襄王入務利民民懷生矣將用之子犯曰民未知信未宣其用於是乎伐原以示之信民易資者不求豐焉明徵其辭公曰可矣乎子犯曰民未知禮未生其共於是乎大蒐以示之禮作執秩以正其官民聽不惑而後用之出穀戍釋宋圍一戰而霸文之教也

十有二月甲戌公會諸侯盟于宋

二十有八年春晉侯侵曹晉侯伐衛

二十八年春晉侯將伐曹假道于衛衛人弗許還自南河濟侵曹伐衛正月戊申取五鹿二月晉郤縠卒原軫將中軍胥臣佐下軍上德也晉侯齊侯盟于斂盂衛侯請盟晉人弗許衛侯欲與楚國人不欲故出其君以說于晉衛侯出居于襄牛

公子買戍衛不卒戍刺之　楚人救衛

公子買戍衛楚人救衛不克公懼於晉殺子叢以說焉謂楚人曰不卒戍也

三月丙午晉侯入曹執曹伯畀宋人

晉侯圍曹門焉多死曹人尸諸城上晉侯患之聽輿人之謀曰稱舍於墓師遷焉曹人兇懼爲其所得者棺而出之因其兇也而攻之三月丙午入曹數之以其不用僖負羈而乘軒者三百人也且曰獻狀令無入僖負羈之宮而免其族報施也魏犨顛頡怒曰勞之不圖報於何有爇僖負羈氏魏犨傷於胷公欲殺之而愛其材使問且視之病將殺之魏犨束胷見使者曰以君

之靈不有寧也距躍三百曲踊三百乃舍之殺顛頡以徇于師立舟之僑以為戎右宋人使門尹般如晉師告急公曰宋人告急舍之則絕告楚不許我欲戰矣齊秦未可若之何先軫曰使宋舍我而賂齊秦藉之告楚我執曹君而分曹衛之田以賜宋人楚愛曹衛必不許也喜賂怒頑能無戰乎公說執曹伯分曹衛之田以畀宋人

夏四月己巳晉侯齊師宋師秦師及楚人戰于城

楚子去一波

濮楚師敗績　楚殺其大夫得臣　衛侯出奔楚

五月癸丑公會晉侯齊侯宋公蔡侯鄭伯衛子

莒子盟于踐土

楚子入居于申使申叔去穀使子玉去宋曰無從晉師晉侯在外十九年矣而果得晉國險阻艱難備嘗之矣民之情僞盡知之矣天假之年而除其害天之所置其可廢乎軍志曰允當則歸又曰知難而退又曰有德不可敵此三志者晉之謂矣子玉使伯棼請戰曰非敢必有功也

宛春告二波

論詩甚帳帥快又最錄動

願以間執讒慝之口王怒少與之師惟西廣東宮與若敖之六卒實從之子玉使宛春告於晉師曰請復衛侯而封曹臣亦釋宋之圍子犯曰子玉無禮哉君取一臣取二不可失矣先軫曰子與之定人之謂禮楚一言而定三國我一言而亡之我則無禮何以戰乎不許楚言是棄宋也救而棄之謂諸侯何楚有三施我有三怨怨讎已多將何以戰不如私許復曹衛以攜之執宛春以怒楚既戰而後圖之公說乃拘宛春於

退三舍三波

輿誦一波

衛且私許復曹衛曹衛告絕於楚子玉怒從晉
師晉師退軍吏曰以君辟臣辱也且楚師老矣
何故退子犯曰師直爲壯曲爲老豈在久乎微
楚之惠不及此退三舍辟之所以報也背惠食
言以亢其讎我曲楚直其衆素飽不可謂老我
退而楚還我將何求若其不還君退臣犯曲在
彼矣退三舍楚衆欲止子玉不可夏四月戊辰
晉侯宋公齊國歸父崔夭秦小子慭次于城濮
楚師背酅而舍晉侯患之聽輿人之誦曰原田

楚惠二波

夢三波

工絕此方是
神品

每每舍其舊而新是謀公疑焉子犯曰戰也戰
而捷必得諸侯若其不捷表裏山河必無害也
公曰若楚惠何欒貞子曰漢陽諸姬楚實盡之
思小惠而忘大恥不如戰也晉侯夢與楚子搏
楚子伏己而盬其腦是以懼子犯曰吉我得天
楚伏其罪我且柔之矣子玉使鬭勃請戰曰請
與君之士戲君憑軾而觀之得臣與寓目焉晉
侯使欒枝對曰寡君聞命矣楚君之惠未之敢
忘是以在此為大夫退其敢當君乎既不獲命

但極填四字更無餘語是秃句法

觀師四波

直堪畫

欒胥同在下中楚右既潰欒復何為僞遁

矣敢煩大夫謂二三子戒爾車乘敬爾君事詰朝將見晉車七百乘韅靷鞅靽晉侯登有莘之虛以觀師曰少長有禮其可用也遂伐其木以益其兵己巳晉師陳于莘北胥臣以下軍之佐當陳蔡子玉以若敖之六卒將中軍曰今日必無晉矣子西將左子上將右胥臣蒙馬以虎皮先犯陳蔡陳蔡奔楚右師潰狐毛設二旆而退之欒枝使輿曳柴而僞遁楚師馳之原軫郤溱以中軍公族橫擊之狐毛狐偃以上軍夾攻子

西楚左師潰楚師敗績子玉收其卒而止故不
敗晉師三日館穀及癸酉而還甲午至于衡雍
作王宮于踐土鄉役之三月鄭伯如楚致其師
爲楚師旣敗而懼使子人九行成于晉晉欒枝
入盟鄭伯五月丙午晉侯及鄭伯盟于衡雍丁
未獻楚俘于王駟介百乘徒兵千鄭伯傅王用
平禮也巳酉王享醴命晉侯宥王命尹氏及王
子虎内史叔興父策命晉侯爲侯伯賜之大輅
之服戎輅之服彤弓一彤矢百玈弓矢千秬鬯

右錄誓篇名見尚書盟在春秋最多亦可各錄為篇

一卣虎賁三百人曰王謂叔父敬服王命以綏四國糾逖王慝晉侯三辭從命曰重耳敢再拜稽首奉揚天子之丕顯休命受策以出出入三覲衞侯聞楚師敗懼出奔楚遂適陳使元咺奉叔武以受盟癸亥王子虎盟諸侯于王庭要言曰皆獎王室無相害也有渝此盟明神殛之俾隊其師無克祚國及而玄孫無有老幼君子謂是盟也信謂晉於是役也能以德攻初楚子玉自爲瓊弁玉纓未之服也先戰夢河神謂已曰

語語緩而深答語曲而校至及連穀而死一語含意無窮與上相掩映真妙絕

畀余余賜女孟諸之麋弗致也大心與子西使榮黃諫弗聽榮季曰死而利國猶或爲之况瓊玉乎是糞土也而可以濟師將何愛焉弗聽出告二子曰非神敗令尹令尹其不勤民實自敗也既敗王使謂之曰大夫若入其若申息之老何子西孫伯曰得臣將死二臣止之曰君其將以爲戮及連穀而死晉侯聞之而後喜可知也曰莫余毒也已蔿呂臣實爲令尹奉己而已不在民矣

陳侯如會

公朝于王所

六月衛侯鄭自楚復歸于衛衛元咺出奔晉

或訴元咺於衛侯曰立叔武矣其子角從公公使殺之咺不廢命奉夷叔以入守六月晉人復衛侯甯武子與衛人盟于宛濮曰天禍衛國君臣不協以及此憂也今天誘其衷使皆降心以相從也不有居者誰守社稷不有行者誰扞牧圉不協之故用昭乞盟于爾大神以誘天衷自

今日以往旣盟之後行者無保其力居者無懼其罪有渝此盟以相及也明神先君是糾是殛國人聞此盟也而後不貳衛侯先期入甯子先長牂守門以爲使也與之乘而入公子歂犬華仲前驅叔武將沐聞君至喜捉髮走出前驅射而殺之公知其無罪也枕之股而哭之歂犬走出公使殺之元咺出奔晉

陳侯款卒

秋杞伯姬來

公子遂如齊
○城濮之戰晉中軍風于澤亡大旆之左旃祁瞞奸命司馬殺之以徇于諸侯使茅茷代之師還壬午濟河舟之僑先歸士會攝右秋七月丙申振旅愷以入于晉獻俘授馘飲至大賞徵會討貳殺舟之僑以徇于國民於是大服君子謂文公其能刑矣三罪而民服詩云惠此中國以綏四方不失賞刑之謂也
冬公會晉侯齊侯宋公蔡侯鄭伯陳子莒子邾子

敘衛事自前衛侯請盟起直至後年始釐辭抑止一二精核若聯爲一片瀠可玩

秦人于溫　天王狩于河陽　壬申公朝于王所
晉人執衛侯歸之于京師　衛元咺自晉復歸
于衛
冬會于溫討不服也衛侯與元咺訟甯武子爲
輔鍼莊子爲坐士榮爲大士衛侯不勝殺士榮
刖鍼莊子謂甯俞忠而免之執衛侯歸之于京
師寘諸深室甯子職納槖饘焉元咺歸于衛立
公子瑕是會也晉侯召王以諸侯見且使王狩
仲尼曰以臣召君不可以訓故書曰天王狩于

論亦婉中第文則左氏常調

河陽言非其地也且明德也壬申公朝于王所諸侯遂圍許　曹伯襄復歸于曹遂會諸侯圍許

丁丑諸侯圍許晉侯有疾曹伯之豎侯獳貨筮史使曰以曹爲解齊桓公爲會而封異姓今君爲會而滅同姓曹叔振鐸文之昭也先君唐叔武之穆也且合諸侯而滅兄弟非禮也與衛偕命而不與偕復非信也同罪異罰非刑也禮以行義信以守禮刑以正邪舍此三者君將若之何公說復曹伯遂會諸侯圍許

〇晉侯作三行以禦狄荀林父將中行屠擊將右行先蔑將左行
二十有九年春介葛盧來
二十九年春介葛盧來朝舍于昌衍之上公在會饋之芻米禮也
公至自圍許
夏六月會王人晉人宋人齊人陳人蔡人秦人盟于翟泉
夏公會王子虎晉狐偃宋公孫固齊國歸父陳

轅濤塗秦小子慭盟于翟泉尋踐土之盟且謀伐鄭也卿不書罪之也在禮卿不會公侯會伯子男可也

秋大雨雹

秋大雨雹爲災也

冬介葛盧來

冬介葛盧來以未見公故復來朝禮之加燕好介葛盧聞牛鳴曰是生三犧皆用之矣其音云問之而信

三十年春王正月

夏狄侵齊

三十年春晉人侵鄭以觀其可攻與否狄閒晉之有鄭虞也夏狄侵齊

秋衞殺其大夫元咺及公子瑕衞侯鄭歸于衞

晉侯使醫衍酖衞侯甯俞貨醫使薄其酖不死公爲之請納玉於王與晉侯皆十瑴王許之秋乃釋衞侯衞侯使賂周歂冶廑曰苟能納我吾使爾爲卿周冶殺元咺及子適子儀公入祀先

君周冶既服將命周歂先入及門遇疾而死冶厪辭卿

晉人秦人圍鄭

九月甲午晉侯秦伯圍鄭以其無禮於晉且貳於楚也晉軍函陵秦軍氾南佚之狐言於鄭伯曰國危矣若使燭之武見秦君師必退公從之辭曰臣之壯也猶不如人今老矣無能爲也已公曰吾不能早用子今急而求子是寡人之過也然鄭亡子亦有不利焉許之夜縋而出見秦

造語精而指利害透絕文之最妙者

伯曰秦晉圍鄭鄭既知亡矣若亡鄭而有益於君敢以煩執事越國以鄙遠君知其難也焉用亡鄭以陪鄰鄰之厚君之薄也若舍鄭以為東道主行李之往來共其乏困君亦無所害且君嘗為晉君賜矣許君焦瑕朝濟而夕設版焉君之所知也夫晉何厭之有既東封鄭又欲肆其西封若不闕秦將焉取之闕秦以利晉唯君圖之秦伯說與鄭人盟使杞子逢孫揚孫戍之乃還子犯請擊之公曰不可微夫人之力不及此

因人之力而敝之不仁失其所與不知以亂易
整不武吾其還也亦去之初鄭公子蘭出奔晉
從於晉侯伐鄭請無與圍鄭許之使待命于東
鄭石甲父侯宣多逆以爲大子以求成于晉晉
人許之

介人侵蕭

冬天王使宰周公來聘

冬王使周公閱來聘饗有昌歜白黑形鹽辭曰
國君文足昭也武可畏也則有備物之饗以象

其德薦五味羞嘉穀鹽虎形以獻其功吾何以堪之

公子遂如京師遂如晉

東門襄仲將聘于周遂初聘于晉

三十有一年春取濟西田

三十一年春取濟西田分曹地也使臧文仲往宿於重館重館人告曰晉新得諸侯必親其共不速行將無及也從之分曹地自洮以南東傅于濟盡曹地也

公子遂如晉

襄仲如晉拜曹田也

夏四月四卜郊不從乃免牲猶三望

夏四月四卜郊不從乃免牲非禮也猶三望亦非禮也禮不卜常祀而卜其牲日牛卜日曰牲牲成而卜郊上怠慢也望郊之細也不郊亦無望可也

秋七月

○秋晉蒐于清原作五軍以禦狄趙衰爲卿

冬杞伯姬來求婦

狄圍衛十有二月衛遷于帝丘

冬狄圍衛衛遷于帝丘卜曰三百年衛成公夢康叔曰相奪予享公命祀相甯武子不可曰鬼神非其族類不歆其祀杞鄫何事相之不享於此久矣非衛之罪也不可以閒成王周公之命祀請改祀命

○鄭洩駕惡公子瑕鄭伯亦惡之故公子瑕出奔楚

三十有二年春王正月

○三十二年春楚鬬章請平于晉晉陽處父報之晉楚始通

夏四月己丑鄭伯捷卒

衞人侵狄秋衞人及狄盟

夏狄有亂衞人侵狄狄請平焉秋衞人及狄盟

冬十有二月己卯晉侯重耳卒

冬晉文公卒庚辰將殯于曲沃出絳柩有聲如牛卜偃使大夫拜曰君命大事將有西師過軼

此宜入下年

論精而語未賅備

我擊之必大捷焉杞子自鄭使告于秦曰鄭人使我掌其北門之管若潛師以來國可得也穆公訪諸蹇叔蹇叔曰勞師以襲遠非所聞也師勞力竭遠主備之無乃不可乎師知所爲鄭必知之勤而無所必有悖心且行千里其誰不知公辭焉召孟明西乞白乙使出師於東門之外蹇叔哭之曰孟子吾見師之出而不見其入也公使謂之曰爾何知中壽爾墓之木拱矣蹇叔之子與師哭而送之曰晉人禦師必於殽殽有

辭命

二陵焉其南陵夏后皐之墓也其北陵文王之所辟風雨也必死是閒余收爾骨焉秦師遂東

三十有三年春王二月秦人入滑

三十三年春秦師過周北門左右免冑而下超乘者三百乘王孫滿尚幼觀之言於王曰秦師輕而無禮必敗輕則寡謀無禮則脫入險而脫又不能謀能無敗乎及滑鄭商人弦高將市於周遇之以乘韋先牛十二犒師曰寡君聞吾子將步師出於敝邑敢犒從者不腆敝邑爲從者

之淹居則具一日之積行則備一夕之衞且使遽告于鄭鄭穆公使視客館則束載厲兵秣馬矣使皇武子辭焉曰吾子淹久於敝邑唯是脯資餼牽竭矣爲吾子之將行也鄭之有原圃猶秦之有具囿也吾子取其麋鹿以閒敝邑若何杞子奔齊逢孫揚孫奔宋孟明曰鄭有備矣不可冀也攻之不克圍之不繼吾其還也滅滑而還

齊侯使國歸父來聘

齊國莊子來聘自郊勞至于贈賄禮成而加之以敏臧文仲言於公曰國子爲政齊猶有禮君其朝焉臣聞之服於有禮社稷之衛也

夏四月辛巳晉人及姜戎敗秦師于殽

晉原軫曰秦違蹇叔而以貪勤民天奉我也奉不可失敵不可縱縱敵患生違天不祥必伐秦師欒枝曰未報秦施而伐其師其爲死君乎先軫曰秦不哀吾喪而伐吾同姓秦則無禮何施之爲吾聞之一日縱敵數世之患也謀及子孫

上云墨衰絰在此單用一墨字下文爲閒然亦根上來

辭令

絕工鍊

可謂死君乎遂發命遽興姜戎子墨衰絰梁弘御戎萊駒爲右夏四月辛巳敗秦師于殽獲百里孟明視西乞術白乙丙以歸遂墨以葬文公晉於是始墨文嬴請三帥曰彼實構吾二君寡君若得而食之不厭君何辱討焉使歸就戮於秦以逞寡君之志若何公許之先軫朝問秦囚公曰夫人請之吾舍之矣先軫怒曰武夫力而拘諸原婦人暫而免諸國墮軍實而長寇讎亡無日矣不顧而唾公使陽處父追之及諸河則

在舟中矣釋左驂以公命贈孟明孟明稽首曰君之惠不以纍臣釁鼓使歸就戮于秦寡君之以爲戮死且不朽若從君惠而免之三年將拜君賜秦伯素服郊次鄉師而哭曰孤違蹇叔以辱二三子孤之罪也不替孟明孤之過也大夫何罪且吾不以一眚掩大德

癸巳葬晉文公

狄侵齊

狄侵齊因晉喪也

公伐邾取訾婁　秋公子遂帥師伐邾

公伐邾取訾婁以報升陘之役邾人不設備秋

襄仲復伐邾

晉人敗狄于箕

狄伐晉及箕八月戊子晉侯敗狄于箕郤缺獲

白狄子先軫曰匹夫逞志於君而無討敢不自

討乎免胄入狄師死焉狄人歸其元面如生初

臼季使過冀見冀缺耨其妻饁之敬相待如賓

與之歸言諸文公曰敬德之聚也能敬必有德

德以治民君請用之臣聞之出門如賓承事如祭仁之則也公曰其父有罪可乎對曰舜之罪也殛鯀其舉也興禹管敬仲桓之賊也實相以濟康誥曰父不慈子不祗兄不友弟不共不相及也詩曰采葑采菲無以下體君取節焉可也文公以爲下軍大夫反自箕襄公以三命命先且居將中軍以再命命先茅之縣賞胥臣曰舉郤缺子之功也以一命命郤缺爲卿復與之冀亦未有軍行

冬十月公如齊十有二月公至自齊　乙巳公薨于小寢

冬公如齊朝且弔有狄師也反薨于小寢卽安也

隕霜不殺草李梅實

晉人陳人鄭人伐許

晉陳鄭伐許討其貳於楚也

○楚令尹子上侵陳蔡陳蔡成遂伐鄭將納公子瑕門于桔柣之門瑕覆于周氏之汪外僕髡屯

禽之以獻文夫人歛而葬之鄶城之下

○晉陽處父侵蔡楚子上救之與晉師夾泜而軍陽子患之使謂子上曰吾聞之文不犯順武不違敵子若欲戰則吾退舍子濟而陳遲速唯命不然紓我老師費財亦無益也乃駕以待子上欲涉大孫伯曰不可晉人無信半涉而薄我悔敗何及不如紓之乃退舍陽子宣言曰楚師遁矣遂歸楚師亦歸大子商臣譖子上曰受晉賂而辟之楚之恥也罪莫大焉王殺子上

○葬僖公緩作主非禮也凡君薨卒哭而祔祔而作主特祀於主烝嘗禘於廟

萬曆丙辰夏吳興閔齊華
閔齊伋 閔象泰分次經傳

春秋左傳　文公

元年春王正月公卽位

二月癸亥日有食之

天王使叔服來會葬

元年春王使內史叔服來會葬公孫敖聞其能相人也見其二子焉叔服曰穀也食子難也收子穀也豐下必有後於魯國

○於是閏三月非禮也先王之正時也履端於始

舉正於中歸餘於終履端於始序則不愆舉正
於中民則不惑歸餘於終事則不悖

夏四月丁巳葬我君僖公

夏四月丁巳葬僖公

天王使毛伯來錫公命

王使毛伯衛來賜公命叔孫得臣如周拜

晉侯伐衛

晉文公之季年諸侯朝晉衛成公不朝使孔達
侵鄭伐緜訾及匡晉襄公既祥使告于諸侯而

伐衛及南陽先且居曰效尤禍也請君朝王臣從師晉侯朝王于溫先且居胥臣伐衛五月辛酉朔晉師圍戚六月戊戌取之獲孫昭子

叔孫得臣如京師

衛人伐晉

衛人使告于陳陳共公曰更伐之我辭之衛孔達帥師伐晉君子以爲古古者越國而謀

秋公孫敖會晉侯于戚

秋晉侯疆戚田故公孫敖會之

敘事簡鍊描寫處有神

冬十月丁未楚世子商臣弑其君頵

初楚子將以商臣爲大子訪諸令尹子上子上曰君之齒未也而又多愛黜乃亂也楚國之舉恒在少者且是人也蠭目而豺聲忍人也不可立也弗聽既又欲立王子職而黜大子商臣商臣聞之而未察告其師潘崇曰若之何而察之潘崇曰享江芊而勿敬也從之江芊怒曰呼役夫宜君王之欲殺女而立職也告潘崇曰信矣潘崇曰能事諸乎曰不能能行乎曰不能能行

奇

大事乎曰能冬十月以宮甲圍成王王請食熊蹯而死弗聽丁未王縊謚之曰靈不瞑曰成乃瞑穆王立以其爲大子之室與潘崇使爲大師且掌環列之尹

公孫敖如齊

穆伯如齊始聘焉禮也凡君卽位卿出並聘踐脩舊好要結外援好事鄰國以衞社稷忠信卑讓之道也忠德之正也信德之固也卑讓德之基也

宜入下年

君稱大伯

○殽之役晉人既歸秦帥秦大夫及左右皆言於秦伯曰是敗也孟明之罪也必殺之秦伯曰是孤之罪也周芮良夫之詩曰大風有隧貪人敗類聽言則對誦言如醉匪用其良覆俾我悖是貪故也孤之謂矣孤實貪以禍夫子夫子何罪復使爲政

二年春王二月甲子晉侯及秦師戰于彭衙秦師敗績

二年春秦孟明視帥師伐晉以報殽之役二月

意奇

晉侯禦之先且居將中軍趙衰佐之王官無地御戎狐鞫居爲右甲子及秦師戰于彭衙秦師敗績晉人謂秦拜賜之師戰於殽也晉梁弘御戎萊駒爲右戰之明日晉襄公縛秦囚使萊駒以戈斬之囚呼萊駒失戈狼瞫取戈以斬囚禽之以從公乘遂以爲右箕之役先軫黜之而立續簡伯狼瞫怒其友曰盍死之瞫曰吾未獲死所其友曰吾與女爲難瞫曰周志有之勇則害上不登於明堂死而不義非勇也共用之謂勇

吾以勇求右無勇而黜亦其所也謂上不我知黜而宜乃知我矣子姑待之及彭衙旣陳以其屬馳秦師死焉晉師從之大敗秦師君子謂狼瞫於是乎君子詩曰君子如怒亂庶遄沮又曰王赫斯怒爰整其旅怒不作亂而以從師可謂君子矣

○秦伯猶用孟明孟明增脩國政重施於民趙成子言於諸大夫曰秦師又至將必辟之懼而增德不可當也詩曰毋念爾祖聿脩厥德孟明念

之矣念德不怠其可敵乎

丁丑作僖公主

丁丑作僖公主書不時也

三月乙巳及晉處父盟

晉人以公不朝來討公如晉夏四月己巳晉人使陽處父盟公以恥之書曰及晉處父盟以厭之也適晉不書諱之也

夏六月公孫敖會宋公陳侯鄭伯晉士縠盟于垂隴

公未至六月穆伯會諸侯及晉司空士穀盟于垂隴晉討衛故也書士穀堪其事也陳侯爲衛請成于晉執孔達以說

自十有二月不雨至于秋七月

八月丁卯大事于大廟躋僖公

秋八月丁卯大事于大廟躋僖公逆祀也於是夏父弗忌爲宗伯尊僖公且明見曰吾見新鬼大故鬼小先大後小順也躋聖賢明也明順禮也君子以爲失禮禮無不順祀國之大事也而

取義巧而淺小若出近代手人必以嫩病之

逆之可謂禮乎子雖齊聖不先父食久矣故禹不先鯀湯不先契文武不先不窋宋祖帝乙鄭祖厲王猶上祖也是以魯頌曰春秋匪解享祀不忒皇皇后帝皇祖后稷君子曰禮謂其后稷親而先帝也詩曰問我諸姑遂及伯姊君子曰禮謂其姊親而先姑也仲尼曰臧文仲其不仁者三不知者三下展禽廢六關妾織蒲三不仁也作虛器縱逆祀祀爰居三不知也

冬晉人宋人陳人鄭人伐秦

冬晉先且居宋公子成陳轅選鄭公子歸生伐秦取汪及彭衙而還以報彭衙之役卿不書爲穆公故尊秦也謂之崇德

公子遂如齊納幣

襄仲如齊納幣禮也凡君即位好舅甥脩昏姻娶元妃以奉粢盛孝也孝禮之始也

三年春王正月叔孫得臣會晉人宋人陳人衛人鄭人伐沈沈潰

三年春莊叔會諸侯之師伐沈以其服於楚也

九也字法見態一雙二单亦不板亦有单句法

沈潰凡民逃其上曰潰在上曰逃

○衛侯如陳拜晉成也

夏五月王子虎卒

夏四月乙亥王叔文公卒來赴弔如同盟禮也

秦人伐晉

秦伯伐晉濟河焚舟取王官及郊晉人不出遂自茅津濟封殽尸而還遂霸西戎用孟明也君子是以知秦穆公之爲君也舉人之周也與人之壹也孟明之臣也其不解也能懼思也子桑

第時徑太明故之甚易所以不爲爲妙

之忠也其知人也能舉善也詩曰于以采蘩于沼于沚于以用之公侯之事秦穆有焉夙夜匪解以事一人孟明有焉詒厥孫謀以燕翼子子桑有焉

秋楚人圍江

雨螽于宋

秋雨螽于宋隊而死也

○楚師圍江晉先僕伐楚以救江

冬公如晉十有二月己巳公及晉侯盟

晉人懼其無禮於公也請改盟公如晉及晉侯盟晉侯饗公賦菁菁者莪莊叔以公降拜曰小國受命於大國敢不愼儀君貺之以大禮何樂如之抑小國之樂大國之惠也晉侯降辭登成拜公賦嘉樂

晉陽處父帥師伐楚以救江

冬晉以江故告于周王叔桓公晉陽處父伐楚以救江門于方城遇息公子朱而還

四年春公至自晉

○四年春晉人歸孔達于衛以爲衛之良也故免之夏衛侯如晉拜

○曹伯如晉會正

夏逆婦姜于齊

逆婦姜于齊卿不行非禮也君子是以知出姜之不允於魯也曰貴聘而賤逆之君而卑之立而廢之弃信而壞其主在國必亂在家必亡不允宜哉詩曰畏天之威于時保之敬主之謂也

狄侵齊

秋楚人滅江

晉侯伐秦

秋晉侯伐秦圍邧新城以報王官之役

○楚人滅江秦伯爲之降服出次不舉過數大夫諫公曰同盟滅雖不能救敢不矜乎吾自懼也

君子曰詩云惟彼二國其政不獲惟此四國爰究爰度其秦穆之謂矣

衛侯使甯俞來聘

衛甯武子來聘公與之宴爲賦湛露及彤弓不

辭又不荅賦使行人私焉對曰臣以爲肄業及之也昔諸侯朝正於王王宴樂之於是乎賦湛露則天子當陽諸侯用命也諸侯敵王所愾而獻其功王於是乎賜之彤弓一彤矢百玈弓矢千以覺報宴今陪臣來繼舊好君辱貺之其敢干大禮以自取戾

冬十有一月壬寅夫人風氏薨

冬成風薨

五年春王正月王使榮叔歸含且賵　三月辛亥

葬我小君成風　王使召伯來會葬

五年春王使榮叔來含且賵召昭公來會葬禮也

夏公孫敖如晉

秦人入鄀

初鄀叛楚卽秦又貳於楚夏秦人入鄀

秋楚人滅六

六人叛楚卽東夷秋楚成大心仲歸帥師滅六

冬楚公子燮滅蓼臧文仲聞六與蓼滅曰皐陶

庭堅不祀忽諸德之不建民之無援哀哉
冬十月甲申許男業卒
○晉陽處父聘于衛反過甯甯嬴從之及溫而還
其妻問之嬴曰以剛商書曰沈漸剛克高明柔
克夫子壹之其不沒乎天爲剛德猶不干時況
在人乎且華而不實怨之所聚也犯而聚怨不
可以定身余懼不獲其利而離其難是以去之
○晉趙成子欒貞子霍伯臼季皆卒
六年春葬許僖公

○六年春晉蒐于夷舍二軍使狐射姑將中軍趙盾佐之陽處父至自溫改蒐于董易中軍陽子成季之屬也故黨於趙氏且謂趙盾能曰使能國之利也是以上之宣子於是乎始爲國政制事典正法罪辟獄刑董逋逃由質要治舊洿本秩禮續常職出滯淹旣成以授大傅陽子與大師賈佗使行諸晉國以爲常法

夏季孫行父如陳

臧文仲以陳衞之睦也欲求好於陳夏季文子

樹過風則鳴故云樹之風聲十句亦太排第稱有化字然在今則為

聘于陳且娶焉

○秦伯任好卒以子車氏之三子奄息仲行鍼虎爲殉皆秦之良也國人哀之爲之賦黃鳥君子曰秦穆之不爲盟主也宜哉死而弃民先王違世猶詒之法而況奪之善人乎詩曰人之云亡邦國殄瘁無善人之謂若之何奪之古之王者知命之不長是以竝建聖哲樹之風聲分之采物著之話言爲之律度陳之藝極引之表儀予之法制告之訓典教之防利委之常秩道之以

老生常談

此是未見秦強時語

禮則使毋失其土宜衆隷賴之而後卽命聖王同之今縱無法以遺後嗣而又收其良以死難以在上矣君子是以知秦之不復東征也

秋季孫行父如晉

秋季文子將聘於晉使求遭喪之禮以行其人曰將焉用之文子曰備豫不虞古之善教也求而無之實難過求何害

八月乙亥晉侯驩卒

八月乙亥晉襄公卒靈公少晉人以難故欲立

長君趙孟曰立公子雍好善而長先君愛之且近於秦秦舊好也置善則固事長則順立愛則孝結舊則安爲難故故欲立長君有此四德者難必抒矣賈季曰不如立公子樂辰嬴嬖於二君立其子民必安之趙孟曰辰嬴賤班在九人其子何震之有且爲二嬖淫也爲先君子不能求大而出在小國辟也母淫子辟無威陳小而遠無援將何安焉杜祁以君故讓偪姞而上之以狄故讓季隗而己次之故班在四先君是以

愛其子而仕諸秦秦爲亞卿焉秦大而近足以爲援母義子愛足以威民立之不亦可乎使先蔑士會如秦逆公子雍賈季亦使召公子樂于陳趙孟使殺諸郫

○賈季怨陽子之易其班也而知其無援於晉也九月賈季使續鞫居殺陽處父書曰晉殺其大夫侵官也

冬十月公子遂如晉葬晉襄公

冬十月襄仲如晉葬襄公

晉殺其大夫陽處父

晉狐射姑出奔狄

十一月丙寅晉殺續簡伯賈季奔狄宣子使臾駢送其帑夷之蒐賈季戮臾駢臾駢之人欲盡殺賈氏以報焉臾駢曰不可吾聞前志有之曰敵惠敵怨不在後嗣忠之道也夫子禮於賈季我以其寵報私怨無乃不可乎介人之寵非勇也損怨益仇非知也以私害公非忠也釋此三者何以事夫子盡具其帑與其器用財賄親帥

扞之送致諸竟

閏月不告月猶朝于廟

閏月不告朔非禮也閏以正時時以作事事以厚生生民之道於是乎在矣不告閏朔弃時政也何以爲民

七年春公伐邾三月甲戌取須句

七年春公伐邾閒晉難也三月甲戌取須句寘文公子焉非禮也

遂城郚

夏四月宋公王臣卒　宋人殺其大夫
夏四月宋成公卒於是公子成爲右師公孫友
爲左師樂豫爲司馬鱗矔爲司徒公子蕩爲司
城華御事爲司寇昭公將去羣公子樂豫曰不
可公族公室之枝葉也若去之則本根無所庇
廕矣葛藟猶能庇其本根故君子以爲比況國
君乎此諺所謂庇焉而縱尋斧焉者也必不可
君其圖之親之以德皆股肱也誰敢攜貳若之
何去之不聽穆襄之族率國人以攻公殺公孫

姣以深

厲而正

固公孫鄭于公宮六卿和公室樂豫舍司馬以讓公子卬昭公即位而葬書曰宋人殺其大夫不稱名衆也且言非其罪也

戊子晉人及秦人戰于令狐晉先蔑奔秦

秦康公送公子雍于晉曰文公之入也無衛故有呂郤之難乃多與之徒衛穆嬴日抱大子以啼于朝曰先君何罪其嗣亦何罪舍適嗣不立而外求君將焉寘此出朝則抱以適趙氏頓首於宣子曰先君奉此子也而屬諸子曰此子也

才吾受子之賜不才吾唯子之怨今君雖終言猶在耳而弃之若何宣子與諸大夫皆患穆嬴且畏偪乃背先蔑而立靈公以禦秦師箕鄭居守趙盾將中軍先克佐之荀林父佐上軍先蔑將下軍先都佐之步招御戎戎津爲右及堇陰宣子曰我若受秦秦則賓也不受寇也既不受矣而復緩師秦將生心先人有奪人之心軍之善謀也逐寇如追逃軍之善政也訓卒利兵秣馬蓐食潛師夜起戊子敗秦師于令狐至于刳

哨　劲

首己丑先蔑奔秦士會從之先蔑之使也荀林父止之曰夫人大子猶在而外求君此必不行子以疾辭若何不然將及攝卿以往可也何必子同官爲寮吾嘗同寮敢不盡心乎弗聽爲賦板之三章又弗聽及亡荀伯盡送其帑及其器用財賄於秦曰爲同寮故也士會在秦三年不見士伯其人曰能亡人於國不能見於此焉用之士季曰吾與之同罪非義之也將何見焉及歸遂不見

語精簡意尤深妙

狄侵我西鄙

狄侵我西鄙公使告于晉趙宣子使因賈季問酆舒且讓之酆舒問於賈季曰趙衰趙盾孰賢對曰趙衰冬日之日也趙盾夏日之日也

秋八月公會諸侯晉大夫盟于扈

秋八月齊侯宋公衛侯陳侯鄭伯許男曹伯會晉趙盾盟于扈晉侯立故也公後至故不書所會凡會諸侯不書所會後也後至不書其國辟不敏也

九之守法

冬徐伐莒　公孫敖如莒涖盟

穆伯娶于莒曰戴己生文伯其娣聲己生惠叔戴己卒又聘于莒莒人以聲己辭則爲襄仲聘焉冬徐伐莒莒人來請盟穆伯如莒涖盟且爲仲逆及鄢陵登城見之美自爲娶之仲請攻之公將許之叔仲惠伯諫曰臣聞之兵作於內爲亂於外爲寇寇猶及人亂自及也今臣作亂而君不禁以啓寇讎若之何公止之惠伯成之使仲舍之公孫敖反之復爲兄弟如初從之

宜入下年

連四何以法

逆敘法

○晉郤缺言於趙宣子曰日衛不睦故取其地今已睦矣可以歸之叛而不討何以示威服而不柔何以示懷非威非懷何以示德無德何以主盟子爲正卿以主諸侯而不務德將若之何夏書曰戒之用休董之用威勸之以九歌勿使壞九功之德皆可歌也謂之九歌六府三事謂之九功水火金木土穀謂之六府正德利用厚生謂之三事義而行之謂之德禮無禮不樂所由叛也若吾子之德莫可歌也其誰來之盍使睦

者歌吾子乎宣子說之

八年春王正月

○八年春晉侯使解揚歸匡戚之田于衛且復致公壻池之封自申至于虎牢之竟

夏四月

○夏秦人伐晉取武城以報令狐之役

秋八月戊申天王崩

秋襄王崩

冬十月壬午公子遂會晉趙盾盟于衡雍　乙酉

公子遂會雒戎盟于暴

晉人以扈之盟來討冬襄仲會晉趙孟盟于衡雍報扈之盟也遂會伊雒之戎書曰公子遂珍之也

公孫敖如京師不至而復丙戌奔莒

穆伯如周弔喪不至以幣奔莒從己氏焉

螽

宋人殺其大夫司馬宋司城來奔

宋襄夫人襄王之姊也昭公不禮焉夫人因戴

氏之族以殺襄公之孫孔叔公孫鍾離及大司馬公子卬皆昭公之黨也司馬握節以死故書以官司城蕩意諸來奔效節於府人而出公以其官逆之皆復之亦書以官皆貴之也

○夷之蒐晉侯將登箕鄭父先都而使士縠梁益耳將中軍先克曰狐趙之勳不可廢也從之先克奪蒯得田于堇陰故箕鄭父先都士縠梁益耳蒯得作亂

九年

○九年春王正月己酉使賊殺先克乙丑晉人殺先都梁益耳

春毛伯來求金

毛伯衞來求金非禮也不書王命未葬也

夫人姜氏如齊

二月叔孫得臣如京師辛丑葬襄王

二月莊叔如周葬襄王

晉人殺其大夫先都

三月夫人姜氏至自齊

晉人殺其大夫士縠及箕鄭父

三月甲戌晉人殺箕鄭父士縠蒯得

楚人伐鄭公子遂會晉人宋人衛人許人救鄭

范山言於楚子曰晉君少不在諸侯北方可圖也楚子師于狼淵以伐鄭囚公子堅公子尨及樂耳鄭及楚平公子遂會晉趙盾宋華耦衛孔達許大夫救鄭不及楚師卿不書緩也以懲不恪

夏狄侵齊

○夏楚侵陳克壺丘以其服於晉也

秋八月曹伯襄卒

○秋楚公子朱自東夷伐陳陳人敗之獲公子茷

陳懼乃及楚平

九月癸酉地震

冬楚子使椒來聘

冬楚子越椒來聘執幣傲叔仲惠伯曰是必滅

若敖氏之宗傲其先君神弗福也

秦人來歸僖公成風之襚

秦人來歸僖公成風之襚禮也諸侯相弔賀也雖不當事苟有禮焉書也以無忘舊好

葬曹共公

十年春王三月辛卯臧孫辰卒

○十年春晉人伐秦取少梁

夏秦伐晉

夏秦伯伐晉取北徵

楚殺其大夫宜申

初楚范巫矞似謂成王與子玉子西曰三君皆

將強死城濮之役王思之故使止子玉曰毋死不及止子西子西縊而縣絕王使適至遂止之使爲商公沿漢泝江將入郢王在渚宮下見之懼而辭曰臣免於死又有讒言謂臣將逃臣歸死於司敗也王使爲工尹又與子家謀弒穆王穆王聞之五月殺鬬宜申及仲歸

自正月不雨至于秋七月

及蘇子盟于女栗

秋七月及蘇子盟于女栗頃王立故也

冬狄侵宋

楚子蔡侯次于厥貉

陳侯鄭伯會楚子于息冬遂及蔡侯次于厥貉將以伐宋宋華御事曰楚欲弱我也先為之弱乎何必使誘我我實不能民何罪乃逆楚子勞且聽命遂道以田孟諸宋公為右盂鄭伯為左盂期思公復遂為右司馬子朱及文之無畏為左司馬命夙駕載燧宋公違命無畏抶其僕以徇或謂子舟曰國君不可戮也子舟曰當官而

二句宜天下

行何彊之有詩曰剛亦不吐柔亦不茹毋縱詭
隨以謹罔極是亦非辟彊也敢愛死以亂官乎
○厥貉之會麇子逃歸
十有一年春楚子伐麇
十一年春楚子伐麇成大心敗麇師於防渚潘
崇復伐麇至于錫穴
夏叔仲彭生會晉郤缺于承匡
夏叔仲惠伯會晉郤缺于承匡謀諸侯之從於
楚者

秋曹伯來朝

秋曹文公來朝卽位而來見也

公子遂如宋

襄仲聘于宋且言司城蕩意諸而復之因賀楚
師之不害也

狄侵齊　冬十月甲午叔孫得臣敗狄于鹹

鄋瞞侵齊遂伐我公卜使叔孫得臣追之吉侯
叔夏御莊叔緜房甥爲右富父終甥駟乘冬十
月甲午敗狄于鹹獲長狄僑如富父終甥摏其

喉以戈殺之埋其首於子駒之門以命宣伯初宋武公之世鄋瞞伐宋司徒皇父帥師禦之耏班御皇父充石公子穀甥爲右司寇牛父駟乘以敗狄于長丘獲長狄緣斯皇父之二子死焉宋公於是以門賞耏班使食其征謂之耏門晉之滅潞也獲僑如之弟焚如齊襄公之二年鄋瞞伐齊齊王子成父獲其弟榮如埋其首於周首之北門衛人獲其季弟簡如鄋瞞由是遂亡

○郕大子朱儒自安於夫鍾國人弗徇

十有二年春王正月郕伯來奔

十二年春郕伯卒郕人立君大子以夫鍾與郕邽來奔公以諸侯逆之非禮也故書曰郕伯來奔不書地尊諸侯也

杞伯來朝

杞桓公來朝始朝公也且請絕叔姬而無絕昏公許之

二月庚子子叔姬卒

二月叔姬卒不言杞絕也書叔姬言非女也

夏楚人圍巢

楚令尹大孫伯卒成嘉爲令尹羣舒叛楚夏子孔執舒子平及宗子遂圍巢

秋滕子來朝

秋滕昭公來朝亦始朝公也

秦伯使術來聘

秦伯使西乞術來聘且言將伐晉襄仲辭玉曰君不忘先君之好照臨魯國鎮撫其社稷重之以大器寡君敢辭玉對曰不腆敝器不足辭也

主人三辭賓荅曰寡君願徼福于周公魯公以事君不腆先君之敝器使下臣致諸執事以爲瑞節要結好命所以藉寡君之命結二國之好是以敢致之襄仲曰不有君子其能國乎國無陋矣厚賄之

冬十有二月戊午晉人秦人戰于河曲

秦爲令狐之役故冬秦伯伐晉取羈馬晉人禦之趙盾將中軍荀林父佐之郤缺將上軍臾駢佐之欒盾將下軍胥甲佐之范無恤御戎以從

秦師于河曲臾駢曰秦不能久請深壘固軍以待之從之秦人欲戰秦伯謂士會曰若何而戰對曰趙氏新出其屬曰臾駢必實爲此謀將以老我師也趙有側室曰穿晉君之壻也有寵而弱不在軍事好勇而狂且惡臾駢之佐上軍也若使輕者肆焉其可秦伯以璧祈戰于河十二月戊午秦軍掩晉上軍趙穿追之不及反怒曰裹糧坐甲固敵是求敵至不擊將何俟焉軍吏曰將有待也穿曰我不知謀將獨出乃以其屬

已可與隧東而言并作對

出宣子曰秦獲穿也獲一卿矣秦以勝歸我何以報乃皆出戰交綏秦行人夜戒晉師曰兩君之士皆未慭也明日請相見也臾駢曰使者目動而言肆懼我也將遁矣薄諸河必敗之胥甲趙穿當軍門呼曰死傷未收而棄之不惠也不待期而薄人於險無勇也乃止秦師夜遁復侵晉入瑕

季孫行父帥師城諸及鄆

城諸及鄆書時也

十有三年春王正月

○十三年春晉侯使詹嘉處瑕以守桃林之塞

夏五月壬午陳侯朔卒

○晉人患秦之用士會也夏六卿相見於諸浮趙宣子曰隨會在秦賈季在狄難日至矣若之何中行桓子曰請復賈季能外事且由舊勳郤成子曰賈季亂且罪大不如隨會能賤而有恥柔而不犯其知足使也且無罪乃使魏壽餘僞以魏叛者以誘士會執其帑於晉使夜逸請自歸

有境

用修謂策是書札近是

于秦秦伯許之履士會之足於朝秦伯師于河西魏人在東壽餘曰請東人之能與夫二三有司言者吾與之先使士會士會辭曰晉人虎狼也若背其言臣死妻子爲戮無益於君不可悔也秦伯曰若背其言所不歸爾帑者有如河乃行繞朝贈之以策曰子無謂秦無人吾謀適不用也既濟魏人譟而還秦人歸其帑其處者爲劉氏

邾子蘧蒢卒

邾文公卜遷于繹史曰利於民而不利於君邾子曰苟利於民孤之利也天生民而樹之君以利之也民既利矣孤必與焉左右曰命可長也君何弗爲邾子曰命在養民死之短長時也民苟利矣遷也吉莫如之遂遷于繹五月邾文公卒君子曰知命

自正月不雨至于秋七月

大室屋壞

秋七月大室之屋壞書不共也

冬公如晉衛侯會公于沓

狄侵衛

十有二月己丑公及晉侯盟公還自晉鄭伯會公于棐

冬公如晉朝且尋盟衛侯會公于沓請平于晉公還鄭伯會公于棐亦請平于晉公皆成之鄭伯與公宴于棐子家賦鴻鴈季文子曰寡君未免於此文子賦四月子家賦載馳之四章文子賦采薇之四章鄭伯拜公荅拜

十有四年春王正月公至自晉

○十四年春頃王崩周公閱與王孫蘇爭政故不赴凡崩薨不赴則不書禍福不告亦不書懲不敬也

邾人伐我南鄙叔彭生帥師伐邾

邾文公之卒也公使弔焉不敬邾人來討伐我南鄙故惠伯伐邾

夏五月乙亥齊侯潘卒

子叔姬妃齊昭公生舍叔姬無寵舍無威公子

動妙有姿態

商人驟施於國而多聚士盡其家貸於公有司以繼之夏五月昭公卒舍即位

○邾文公元妃齊姜生定公二妃晉姬生捷菑文公卒邾人立定公捷菑奔晉

六月公會宋公陳侯衛侯鄭伯許男曹伯晉趙盾癸酉同盟于新城

六月同盟于新城從於楚者服且謀邾也

○秋七月乙卯夜齊商人弑舍而讓元元曰爾求之久矣我能事爾爾不可使多蓄憾將免我乎

爾爲之

秋七月有星孛入于北斗

有星孛入于北斗周内史叔服曰不出七年宋

齊晉之君皆將死亂

公至自會

晉人納捷菑于邾弗克納

晉趙盾以諸侯之師八百乘納捷菑于邾邾人

辭曰齊出貜且長宣子曰辭順而弗從不祥乃

還

○周公將與王孫蘇訟于晉王叛王孫蘇而使尹氏與聃啟訟周公于晉趙宣子平王室而復之

○楚莊王立子孔潘崇將襲羣舒使公子燮與子儀守而伐舒蓼二子作亂城郢而使賊殺子孔不克而還八月二子以楚子出將如商密廬戢黎及叔麇誘之遂殺鬬克及公子燮初鬬克囚于秦秦有殽之敗而使歸求成成而不得志公子燮求令尹而不得故二子作亂

九月甲申公孫敖卒于齊

穆伯之從巳氏也魯人立文伯穆伯生二子於莒而求復文伯以爲請襄仲使無朝聽命復而不出三年而盡室以復適莒文伯疾而請曰穀之子弱請立難也許之文伯卒立惠叔穆伯請重賂以求復惠叔以爲請許之將來九月卒于齊告喪請葬弗許

齊公子商人弑其君舍

齊人定懿公使來告難故書以九月齊公子元不順懿公之爲政也終不曰公曰夫巳氏

宋子哀來奔

宋高哀爲蕭封人以爲卿不義宋公而出遂來奔書曰宋子哀來奔貴之也

冬單伯如齊齊人執單伯　齊人執子叔姬

襄仲使告于王請以王寵求昭姬于齊曰殺其子焉用其母請受而罪之冬單伯如齊請子叔姬齊人執之又執子叔姬

十有五年春季孫行父如晉

十五年春季文子如晉爲單伯與子叔姬故也

三月宋司馬華孫來盟

三月宋華耦來盟其官皆從之書曰宋司馬華孫貴之也公與之宴辭曰君之先臣督得罪於宋殤公名在諸侯之策臣承其祀其敢辱君請承命於亞旅魯人以爲敏

夏曹伯來朝

夏曹伯來朝禮也諸侯五年再相朝以脩王命古之制也

齊人歸公孫敖之喪

齊人或爲孟氏謀曰魯爾親也飾棺寘諸堂阜魯必取之從之卞人以告惠叔猶毁以爲請立於朝以待命許之取而殯之齊人送之書曰齊人歸公孫敖之喪爲孟氏且國故也葬視共仲聲已不視帷堂而哭襄仲欲勿哭惠伯曰喪親之終也雖不能始善終可也史佚有言曰兄弟致美救乏賀善弔災祭敬喪哀情雖不同毋絕其愛親之道也子無失道何怨於人襄仲說帥兄弟以哭之他年其二子來孟獻子愛之聞於

國或譖之曰將殺子獻子以告季文子二子曰
夫子以愛我聞我以將殺子聞不亦遠於禮乎
遠禮不如死一人門于句鼆一人門于戾丘皆
死

六月辛丑朔日有食之鼓用牲于社

六月辛丑朔日有食之鼓用牲于社非禮也日
有食之天子不舉伐鼓于社諸侯用幣于社伐
鼓于朝以昭事神訓民事君示有等威古之道
也

單伯至自齊

齊人許單伯請而赦之使來致命書曰單伯至自齊貴之也

晉郤缺帥師伐蔡戊申入蔡

新城之盟蔡人不與晉郤缺以上軍下軍伐蔡曰君弱不可以怠戊申入蔡以城下之盟而還凡勝國曰滅之獲大城焉曰入之

秋齊人侵我西鄙　季孫行父如晉

秋齊人侵我西鄙故季文子告于晉

冬十有一月諸侯盟于扈

冬十一月晉侯宋公衞侯蔡侯陳侯鄭伯許男曹伯盟于扈尋新城之盟且謀伐齊也齊人賂晉侯故不克而還於是有齊難是以公不會書曰諸侯盟于扈無能爲故也凡諸侯會公不與不書諱君惡也與而不書後也

十有二月齊人來歸子叔姬

齊人來歸子叔姬王故也

齊侯侵我西鄙遂伐曹入其郛

章法亦好

左氏每有此章法後是中前味最長

齊侯侵我西鄙謂諸侯不能也遂伐曹入其郛討其來朝也季文子曰齊侯其不免乎已則無禮而討於有禮者曰女何故行禮禮以順天天之道也已則反天而又以討人難以免矣詩曰胡不相畏不畏于天君子之不虐幼賤畏于天也在周頌曰畏天之威于時保之不畏于天將何能保以亂取國奉禮以守猶懼不終多行無禮弗能在矣

十有六年春季孫行父會齊侯于陽穀齊侯弗及

盟

十六年春王正月及齊平公有疾使季文子會齊侯于陽穀請盟齊侯不肯曰請俟君閒

夏五月公四不視朔

夏五月公四不視朔疾也

六月戊辰公子遂及齊侯盟于郪丘

公使襄仲納賂于齊侯故盟于郪丘

秋八月辛未夫人姜氏薨　毀泉臺

有蛇自泉宮出入于國如先君之數秋八月辛

簡而核

是質語以調謔故不覺其質

未聲姜薨毀泉臺

楚人秦人巴人滅庸

楚大饑戎伐其西南至于阜山師于大林又伐其東南至于陽丘以侵訾枝庸人帥羣蠻以叛楚麇人率百濮聚於選將伐楚於是申息之北門不啓楚人謀徙於阪高蔿賈曰不可我能往寇亦能往不如伐庸夫麇與百濮謂我饑不能師故伐我也若我出師必懼而歸百濮離居將各走其邑誰暇謀人乃出師旬有五日百濮乃

亦足以錬文且質

罷自廬以往振廩同食次于句澨使廬戢棃侵庸及庸方城庸人逐之囚子揚窻三宿而逸曰庸師衆羣蠻聚焉不如復大師且起王卒合而後進師叔曰不可姑又與之遇以驕之彼驕我怒而後可克先君蚡冒所以服陘隰也又與之遇七遇皆北唯裨鯈魚人實逐之庸人曰楚不足與戰矣遂不設備楚子乘馹會師于臨品分爲二隊子越自石溪子貝自仞以伐庸秦人巴人從楚師羣蠻從楚子盟遂滅庸

冬十有一月宋人弑其君杵臼

宋公子鮑禮於國人宋饑竭其粟而貸之年自七十以上無不饋詒也時加羞珍異無日不數於六卿之門國之材人無不事也親自桓以下無不恤也公子鮑美而豔襄夫人欲通之而不可乃助之施昭公無道國人奉公子鮑以因夫人於是華元爲右師公孫友爲左師華耦爲司馬鱗矔爲司徒蕩意諸爲司城公子朝爲司寇初司城蕩卒公孫壽辭司城請使意諸爲之既

而告人曰君無道吾官近懼及焉弃官則族無所庇子身之貳也姑紓死焉雖亡子猶不亡族既夫人將使公田孟諸而殺之公知之盡以寶行蕩意諸曰盍適諸侯公曰不能其大夫至于君祖母以及國人諸侯誰納我且既爲人君而又爲人臣不如死盡以其寶賜左右而使行夫人使謂司城去公對曰臣之而逃其難若後君何冬十一月甲寅宋昭公將田孟諸未至夫人王姬使帥甸攻而殺之蕩意諸死之書曰宋人

弑其君杵臼君無道也文公即位使母弟須爲司城華耦卒而使蕩虺爲司馬

十有七年春晉人衛人陳人鄭人伐宋

十七年春晉荀林父衛孔達陳公孫寧鄭石楚伐宋討曰何故弑君猶立文公而還卿不書失其所也

夏四月癸亥葬我小君聲姜

夏四月癸亥葬聲姜有齊難是以緩

齊侯伐我西鄙　六月癸未公及齊侯盟于穀

辭命妙處乃只在敘事接文法上此等文字古今亦罕二

齊侯伐我北鄙襄仲請盟六月盟于穀

諸侯會于扈

晉侯蒐于黃父遂復合諸侯于扈平宋也公不與會齊難故也書曰諸侯無功也於是晉侯不見鄭伯以為貳於楚也鄭子家使執訊而與之書以告趙宣子曰寡君即位三年召蔡侯而與之事君九月蔡侯入于敝邑以行敝邑以侯宣多之難寡君是以不得與蔡侯偕十一月克減侯宣多而隨蔡侯以朝于執事十二年六月歸

總上意錯落流動

生佐寡君之嫡夷以請陳侯于楚而朝諸君十四年七月寡君又朝以蕆陳事十五年五月陳侯自敝邑往朝于君往年正月燭之武往朝夷也八月寡君又往朝以陳蔡之密邇於楚而不敢貳焉則敝邑之故也雖敝邑之事君何以不免在位之中一朝于襄而再見于君夷與孤之二三臣相及於絳雖我小國則蔑以過之矣今大國曰爾未逞吾志敝邑有亡無以加焉古人有言曰畏首畏尾身其餘幾又曰鹿死不擇音

調好鍊法妙

餘波

正理實論

小國之事大國也德則其人也不德則其鹿也鋌而走險急何能擇命之罔極亦知亡矣將悉敝賦以待於鯈唯執事命之文公二年六月壬申朝于齊四年二月壬戌爲齊侵蔡亦獲成於楚居大國之閒而從於彊令豈其罪也大國若弗圖無所逃命晉鞏朔行成於鄭趙穿公壻池爲質焉

秋公至自穀

○秋周甘歜敗戎于邥垂乘其飲酒也

○冬十月鄭大子夷石楚爲質于晉

冬公子遂如齊

襄仲如齊拜穀之盟復曰臣聞齊人將食魯之麥以臣觀之將不能齊君之語偷臧文仲有言曰民主偷必死

十有八年春王二月丁丑公薨于臺下

十八年春齊侯戒師期而有疾醫曰不及秋將死公聞之卜曰尚無及期惠伯令龜卜楚丘占之曰齊侯不及期非疾也君亦不聞令龜有咎

二月丁丑公薨

秦伯罃卒

夏五月戊戌齊人弑其君商人

齊懿公之爲公子也與邴歜之父爭田弗勝及即位乃掘而刖之而使歜僕納閻職之妻而使職驂乘夏五月公游于申池二人浴于池歜以扑抶職職怒歜曰人奪女妻而不怒一抶女庸何傷職曰與刖其父而弗能病者何如乃謀弑懿公納諸竹中歸舍爵而行齊人立公子元

六月癸酉葬我君文公

秋公子遂叔孫得臣如齊

六月葬文公

秋襄仲莊叔如齊惠公立故且拜葬也

冬十月子卒

文公二妃敬嬴生宣公敬嬴嬖而私事襄仲宣公長而屬諸襄仲襄仲欲立之叔仲不可仲見于齊侯而請之齊侯新立而欲親魯許之冬十月仲殺惡及視而立宣公書曰子卒諱之也仲

以君命召惠伯其宰公冉務人止之曰入必死叔仲曰死君命可也公冉務人曰若君命可死非君命何聽弗聽乃入殺而埋之馬矢之中公冉務人奉其帑以奔蔡旣而復叔仲氏

夫人姜氏歸于齊

夫人姜氏歸于齊大歸也將行哭而過市曰天乎仲爲不道殺嫡立庶市人皆哭魯人謂之哀姜

季孫行父如齊

平鋪之文太板而實乏跌宕流走之趣不爲佳

莒弑其君庶其

莒紀公生大子僕又生季佗愛季佗而黜僕且多行無禮於國僕因國人以弑紀公以其寶玉來奔納諸宣公公命與之邑曰今日必授季文子使司寇出諸竟曰今日必達公問其故季文子使大史克對曰先大夫臧文仲教行父事君之禮行父奉以周旋弗敢失隊曰見有禮於其君者事之如孝子之養父母也見無禮於其君者誅之如鷹鸇之逐鳥雀也先君周公制周禮

曰則以觀德德以處事事以度功功以食民作誓命曰毀則爲賊掩賊爲藏竊賄爲盜盜器爲姦主藏之名賴姦之用爲大凶德有常無赦在九刑不忘行父還觀莒僕莫可則也孝敬忠信爲吉德盜賊藏姦爲凶德夫莒僕則其孝敬則弑君父矣則其忠信則竊寶玉矣其人則盜賊也其器則姦兆也保而利之則主藏也以訓則昏民無則焉不度於善而皆在於凶德是以去之昔高陽氏有才子八人蒼舒隤敳檮戭大臨

尨降庭堅仲容叔達齊聖廣淵明允篤誠天下之民謂之八愷高辛氏有才子八人伯奮仲堪叔獻季仲伯虎仲熊叔豹季貍忠肅共懿宣慈惠和天下之民謂之八元此十六族也世濟其美不隕其名以至於堯堯不能舉舜臣堯舉八愷使主后土以揆百事莫不時序地平天成舉八元使布五教于四方父義母慈兄友弟共子孝內平外成昔帝鴻氏有不才子掩義隱賊好行凶德醜類惡物頑嚚不友是與比周天下之

民謂之渾敦少皞氏有不才子毁信廢忠崇飾惡言靖譖庸回服讒蒐慝以誣盛德天下之民謂之窮奇顓頊氏有不才子不可教訓不知話言告之則頑舍之則嚚傲很明德以亂天常天下之民謂之檮杌此三族也世濟其凶增其惡名以至于堯堯不能去縉雲氏有不才子貪于飲食冒于貨賄侵欲崇侈不可盈厭聚斂積實不知紀極不分孤寡不恤窮匱天下之民以比三凶謂之饕餮舜臣堯賓于四門流四凶族渾

敦窮奇檮杌饕餮投諸四裔以禦螭魅是以堯崩而天下如一同心戴舜以爲天子以其舉十六相去四凶也故虞書數舜之功曰愼徽五典五典克從無違教也曰納于百揆百揆時序無廢事也曰賓于四門四門穆穆無凶人也舜有大功二十而爲天子今行父雖未獲一吉人去一凶矣於舜之功二十之一也庶幾免於戾乎

○宋武氏之族道昭公子將奉司城須以作亂十二月宋公殺母弟須及昭公子使戴莊桓之族

攻武氏於司馬子伯之館遂出武穆之族使公孫師爲司城公子朝卒使樂呂爲司寇以靖國人

萬曆丙辰夏吳興閔齊華

閔齊伋閔象泰分次經傳

春秋左傳

宣公

元年春王正月公即位

公子遂如齊逆女　三月遂以夫人婦姜至自齊

　元年春王正月公子遂如齊逆女尊君命也三月遂以夫人婦姜至自齊尊夫人也

夏季孫行父如齊

　夏季文子如齊納賂以請會

晉放其大夫胥甲父于衛

晉人討不用命者放胥甲父于衞而立胥克先辛奔齊

公會齊侯于平州　公子遂如齊　六月齊人取濟西田

會于平州以定公位東門襄仲如齊拜成六月齊人取濟西之田爲立公故以賂齊也

秋邾子來朝

楚子鄭人侵陳遂侵宋　晉趙盾帥師救陳　宋公陳侯衞侯曹伯會晉師于棐林伐鄭

宋人之弒昭公也晉荀林父以諸侯之師伐宋宋及晉平宋文公受盟于晉又會諸侯于扈將爲魯討齊皆取賂而還鄭穆公曰晉不足與也遂受盟于楚陳共公之卒楚人不禮焉陳靈公受盟于晉秋楚子侵陳遂侵宋晉趙盾帥師救陳宋會于棐林以伐鄭也楚蔿賈救鄭遇于北林囚晉解揚晉人乃還

冬晉趙穿帥師侵崇

晉欲求成於秦趙穿曰我侵崇秦急崇必救之

吾以求成焉冬趙穿侵崇秦弗與成

晉人宋人伐鄭

晉人伐鄭以報北林之役於是晉侯侈趙宣子
爲政驟諫而不入故不競於楚

二年春王二月壬子宋華元帥師及鄭公子歸生
帥師戰于大棘宋師敗績獲宋華元

二年春鄭公子歸生受命于楚伐宋宋華元樂
呂御之二月壬子戰于大棘宋師敗績囚華元
獲樂呂及甲車四百六十乘俘二百五十人馘

入兩斷語亦是波瀾

爲政二字絕妙

只手亦任當招也復出殘民以逞句㨿起甚勁有勢

百人狂狡輅鄭人鄭人入于井倒戟而出之獲狂狡君子曰失禮違命宜其爲禽也戎昭果毅以聽之之謂禮殺敵爲果致果爲毅易之戮也將戰華元殺羊食士其御羊斟不與及戰曰疇昔之羊子爲政今日之事我爲政與入鄭師故敗君子謂羊斟非人也以其私憾敗國殄民於是刑孰大焉詩所謂人之無良者其羊斟之謂乎殘民以逞宋人以兵車百乘文馬百駟以贖華元于鄭半入華元逃歸立于門外告而入見

妙有境
讀出此奇大
有態色
工脩

叔牂曰子之馬然也對曰非馬也其人也旣合而來奔宋城華元爲植巡功城者謳曰睅其目皤其腹弃甲而復于思于思弃甲復來使其驂乘謂之曰牛則有皮犀兕尚多弃甲則那役人曰從其有皮丹漆若何華元曰去之夫其口衆我寡

秦師伐晉　夏晉人宋人衞人陳人侵鄭

秦師伐晉以報崇也遂圍焦夏晉趙盾救焦遂自陰地及諸侯之師侵鄭以報大棘之役楚鬭

先點出不君是提綱法散語過綠

椒救鄭曰能欲諸侯而惡其難乎遂次于鄭以待晉師趙盾曰彼宗競于楚殆將斃矣姑益其疾乃去之

秋九月乙丑晉趙盾弒其君夷皐

晉靈公不君厚斂以彫牆從臺上彈人而觀其辟丸也宰夫胹熊蹯不孰殺之寘諸畚使婦人載以過朝趙盾士季見其手問其故而患之將諫士季曰諫而不入則莫之繼也會請先不入則子繼之三進及溜而後視之曰吾知所過矣

有境

有境

淺易語然章法亦異

將改之稽首而對曰人誰無過過而能改善莫大焉詩曰靡不有初鮮克有終夫如是則能補過者鮮矣君能有終則社稷之固也豈唯羣臣賴之又曰袞職有闕惟仲山甫補之能補過也君能補過袞不廢矣猶不改宣子驟諫公患之使鉏麑賊之晨往寢門闢矣盛服將朝尚早坐而假寐麑退歎而言曰不忘恭敬民之主也賊民之主不忠弃君之命不信有一於此不如死也觸槐而死秋九月晉侯飲趙盾酒伏甲將攻

之其右提彌明知之趨登曰臣侍君宴過三爵非禮也遂扶以下公嗾夫獒焉明搏而殺之盾曰棄人用犬雖猛何爲鬬且出提彌明死之初宣子田於首山舍于翳桑見靈輒餓問其病曰不食三日矣食之舍其半問之曰宦三年矣未知母之存否今近焉請以遺之使盡之而爲之簞食與肉寘諸橐以與之旣而與爲公介倒戟以禦公徒而免之問何故對曰翳桑之餓人也問其名居不告而退遂自亡也乙丑趙穿攻靈

文調須如此乃不枝

公於桃園宣子未出山而復大史書曰趙盾弒其君以示於朝宣子曰不然對曰子爲正卿亡不越竟反不討賊非子而誰宣子曰烏呼我之懷矣自詒伊慼其我之謂矣孔子曰董狐古之良史也書法不隱趙宣子古之良大夫也爲法受惡惜也越竟乃免宣子使趙穿逆公子黑臀于周而立之壬申朝于武宮

冬十月乙亥天王崩

○初麗姬之亂詛無畜羣公子自是晉無公族及

成公即位乃宦卿之適而爲之田以爲公族又宦其餘子亦爲餘子其庶子爲公行晉於是有公族餘子公行趙盾請以括爲公族曰君姬氏之愛子也微君姬氏則臣狄人也公許之冬趙盾爲旄車之族使屏季以其故族爲公族大夫

三年春王正月郊牛之口傷改卜牛牛死乃不郊猶三望

三年春不郊而望皆非禮也望郊之屬也不郊亦無望可也

亦只是開闔非是示倘第且意却有觀翻

中上意未盡甚有態

葬匡王

○晉侯伐鄭及郔鄭及晉平士會入盟

楚子伐陸渾之戎

楚子伐陸渾之戎遂至于雒觀兵于周疆定王使王孫滿勞楚子楚子問鼎之大小輕重焉對曰在德不在鼎昔夏之方有德也遠方圖物貢金九牧鑄鼎象物百物而爲之備使民知神姦故民入川澤山林不逢不若螭魅罔兩莫能逢之用能協于上下以承天休桀有昏德鼎遷于

一句點破

削句

正論

解首句

商載祀六百商紂暴虐鼎遷于周德之休明雖小重也其姦回昏亂雖大輕也天祚明德有所厎止成王定鼎于郟鄏卜世三十卜年七百天所命也周德雖衰天命未改鼎之輕重未可問也

夏楚人侵鄭

夏楚人侵鄭鄭即晉故也

秋赤狄侵齊

宋師圍曹

入今重之十八年詳

敘事首尾必有綜括收拾法

宋文公即位三年殺母弟須及昭公子武氏之謀也使戴桓之族攻武氏於司馬子伯之館盡逐武穆之族武穆之族以曹師伐宋秋宋師圍曹報武氏之亂也

冬十月丙戌鄭伯蘭卒

冬鄭穆公卒初鄭文公有賤妾曰燕姞夢天使與己蘭曰余爲伯鯈余而祖也以是爲而子以蘭有國香人服媚之如是既而文公見之與之蘭而御之辭曰妾不才幸而有子將不信敢徵

蘭乎公曰諾生穆公名之曰蘭文公報鄭子之妃曰陳嬀生子華子臧子臧得罪而出誘子華而殺之南里使盜殺子臧於陳宋之閒又娶于江生公子士朝于楚楚人酖之及葉而死又娶于蘇生子瑕子俞彌俞彌早卒洩駕惡瑕文公亦惡之故不立也公逐羣公子公子蘭奔晉從晉文公伐鄭石癸曰吾聞姬姞耦其子孫必蕃姞吉人也后稷之元妃也今公子蘭姞甥也天或啓之必將爲君其後必蕃先納之可以亢寵

與孔將鉏侯宣多納之盟于大宮而立之以與晉平穆公有疾曰蘭死吾其死乎吾所以生也刈蘭而卒

葬鄭穆公

四年春王正月公及齊侯平莒及郯莒人不肯公伐莒取向

四年春公及齊侯平莒及郯莒人不肯公伐莒取向非禮也平國以禮不以亂伐而不治亂也以亂平亂何治之有無治何以行禮

秦伯稻卒

夏六月乙酉鄭公子歸生弑其君夷

楚人獻黿於鄭靈公公子宋與子家將見子公之食指動以示子家曰他日我如此必嘗異味及入宰夫將解黿相視而笑公問之子家以告及食大夫黿召子公而弗與也子公怒染指於鼎嘗之而出公怒欲殺子公子公與子家謀先子家曰畜老猶憚殺之而況君乎反譖子家子家懼而從之夏弑靈公書曰鄭公子歸生弑其

君夷權不足也君子曰仁而不武無能達也凡弑君稱君君無道也稱臣臣之罪也鄭人立子良辭曰以賢則去疾不足以順則公子堅長乃立襄公襄公將去穆氏而舍子良子良不可曰穆氏宜存則固願也若將亡之則亦將亡去疾何爲乃舍之皆爲大夫

赤狄侵齊

秋公如齊

公至自齊

敘事詳密有致

疑拼來歷

層層加濃

已字下得有味

○初楚司馬子良生子越椒子文曰必殺之是子也熊虎之狀而豺狼之聲弗殺必滅若敖氏矣諺曰狼子野心是乃狼也其可畜乎子良不可子文以爲大慼及將死聚其族曰椒也知政乃速行矣無及於難且泣曰鬼猶求食若敖氏之鬼不其餒而及令尹子文卒鬭般爲令尹子越爲司馬蔿賈爲工正譖子揚而殺之子越爲令尹已爲司馬子越又惡之乃以若敖氏之族圄伯嬴於轑陽而殺之遂處烝野將攻王王以三

曲有境

子文来歷

奇事

王之子爲質焉弗受師于漳澨秋七月戊戌楚子與若敖氏戰于皐滸伯棼射王汏輈及鼓跗著於丁寧又射汏輈以貫笠轂師懼退王使巡師曰吾先君文王克息獲三矢焉伯棼竊其二盡於是矣鼓而進之遂滅若敖氏初若敖娶於䢵生鬬伯比若敖卒從其母畜於䢵淫於䢵子之女生子文焉䢵夫人使弃諸夢中虎乳之䢵子田見之懼而歸夫人以告遂使收之楚人謂乳穀謂虎於菟故命之曰鬬穀於菟以其女妻

伯比實爲令尹子文其孫箴尹克黄使於齊還及宋聞亂其人曰不可以入矣箴尹曰弃君之命獨誰受之君天也天可逃乎遂歸復命而自拘於司敗王思子文之治楚國也曰子文無後何以勸善使復其所改命曰生

冬楚子伐鄭

冬楚子伐鄭鄭未服也

五年春公如齊

五年春公如齊高固使齊侯止公請叔姬焉

夏公至自齊

夏公至自齊書過也

秋九月齊高固來逆叔姬

秋九月齊高固來逆女自爲也故書曰逆叔姬

卿自逆也

叔孫得臣卒

冬齊高固及子叔姬來

冬來反馬也

楚人伐鄭

楚子伐鄭陳及楚平晉荀林父救鄭伐陳

六年春晉趙盾衞孫免侵陳

六年春晉衞侵陳陳卽楚故也

夏四月

○夏定王使子服求后于齊

秋八月螽

○秋赤狄伐晉圍懷及邢丘晉侯欲伐之中行桓子曰使疾其民以盈其貫將可殪也周書曰殪戎殷此類之謂也

冬十月

○冬召桓公逆王后于齊

○楚人伐鄭取成而還

○鄭公子曼滿與王子伯廖語欲爲卿伯廖告人曰無德而貪其在周易豐䷶之離䷝弗過之矣間一歲鄭人殺之

七年春衛侯使孫良夫來盟

七年春衛孫桓子來盟始通且謀會晉也

夏公會齊侯伐萊

夏公會齊侯伐萊不與謀也凡師出與謀曰及不與謀曰會

秋公至自伐萊

大旱

○赤狄侵晉取向陰之禾

冬公會晉侯宋公衛侯鄭伯曹伯于黑壤鄭及晉平公子宋之謀也故相鄭伯以會冬盟于黑壤王叔桓公臨之以謀不睦晉侯之立也公不朝焉又不使大夫聘晉人止公于會盟于

黃父公不與盟以賂免故黑壤之盟不書諱之
也
八年春公至自會
○八年春白狄及晉平夏會晉伐秦晉人獲秦諜
殺諸絳市六日而蘇
夏六月公子遂如齊至黃乃復
辛巳有事于大廟仲遂卒于垂　壬午猶繹萬入
去籥
有事于大廟襄仲卒而繹非禮也

戊子夫人嬴氏薨

晉師白狄伐秦

楚人滅舒蓼

楚爲衆舒叛故伐舒蓼滅之楚子疆之及滑汭盟吴越而還

秋七月甲子日有食之既

○晉胥克有蠱疾郤缺爲政秋廢胥克使趙朔佐下軍

冬十月己丑葬我小君敬嬴雨不克葬庚寅日中

而克葬

冬葬敬嬴旱無麻始用葛茀雨不克葬禮也禮

卜葬先遠日辟不懷也

城平陽

城平陽書時也

楚師伐陳

陳及晉平楚師伐陳取成而還

九年春王正月公如齊公至自齊

夏仲孫蔑如京師

九年春王使來徵聘夏孟獻子聘於周王以爲
有禮厚賄之
齊侯伐萊
秋取根牟
秋取根牟言易也
八月滕子卒
滕昭公卒
九月晉侯宋公衛侯鄭伯曹伯會于扈　晉荀林
父帥師伐陳　辛酉晉侯黑臀卒于扈

會于扈討不睦也陳侯不會晉荀林父以諸侯之師伐陳晉侯卒于扈乃還

冬十月癸酉衛侯鄭卒

宋人圍滕

冬宋人圍滕因其喪也

楚子伐鄭　晉郤缺帥師救鄭

楚子爲厲之役故伐鄭晉郤缺救鄭鄭伯敗楚師于柳棼國人皆喜唯子良憂曰是國之災也吾死無日矣

衵服而修謂是齊衣

陳殺其大夫洩冶

陳靈公與孔寧儀行父通於夏姬皆衷其衵服以戲于朝洩冶諫曰公卿宣淫民無效焉且聞不令君其納之公曰吾能改矣公告二子二子請殺之公弗禁遂殺洩冶孔子曰詩云民之多辟無自立辟其洩冶之謂乎

十年春公如齊　公至自齊　齊人歸我濟西田

十年春公如齊齊侯以我服故歸濟西之田

夏四月丙辰日有食之

巳巳齊侯元卒　齊崔氏出奔衛

夏齊惠公卒崔杼有寵於惠公高國畏其偪也公卒而逐之奔衛書曰崔氏非其罪也且告以族不以名凡諸侯之大夫違告於諸侯曰某氏之守臣某失守宗廟敢告所有玉帛之使者則告不然則否

公如齊

公如齊奔喪

五月公至自齊

癸巳陳夏徵舒弒其君平國
陳靈公與孔寧儀行父飲酒於夏氏公謂行父曰徵舒似女對曰亦似君徵舒病之公出自其廄射而殺之二子奔楚
六月宋師伐滕
滕人恃晉而不事宋六月宋師伐滕
公孫歸父如齊葬齊惠公
晉人宋人衞人曹人伐鄭
鄭及楚平諸侯之師伐鄭取成而還

秋天王使王季子來聘
秋劉康公來報聘
公孫歸父帥師伐邾取繹
師伐邾取繹
大水
季孫行父如齊
季文子初聘于齊
冬公孫歸父如齊
冬子家如齊伐邾故也

齊侯使國佐來聘

國武子來報聘

饑

楚子伐鄭

楚子伐鄭晉士會救鄭逐楚師于潁北諸侯之師戍鄭

○鄭子家卒鄭人討幽公之亂斲子家之棺而逐其族改葬幽公謚之曰靈

十有一年春王正月

此句〻有番落雖排三字句点不覺排

夏楚子陳侯鄭伯盟于辰陵

十一年春楚子伐鄭及櫟子良曰晉楚不務德而兵爭與其來者可也晉楚無信我焉得有信乃從楚夏楚盟于辰陵陳鄭服也

○楚左尹子重侵宋王待諸郔令尹蔿艾獵城沂使封人慮事以授司徒量功命日分財用平板榦稱畚築程土物議遠邇略基趾具餱糧度有司事三旬而成不愆于素

公孫歸父會齊人伐莒

秋晉侯會狄于欑函

晉郤成子求成于衆狄衆狄疾赤狄之役遂服于晉秋會于欑函衆狄服也是行也諸大夫欲召狄郤成子曰吾聞之非德莫如勤非勤何以求人能勤有繼其從之也詩曰文王旣勤止文王猶勤況寡德乎

冬十月楚人殺陳夏徵舒　丁亥楚子入陳　納公孫寧儀行父于陳

冬楚子爲陳夏氏亂故伐陳謂陳人無動將討

妙喻

於少西氏遂入陳殺夏徵舒轘諸栗門因縣陳陳侯在晉申叔時使於齊反復命而退王使讓之曰夏徵舒爲不道弒其君寡人以諸侯討而戮之諸侯縣公皆慶寡人女獨不慶寡人何故對曰猶可辭乎王曰可哉曰夏徵舒弒其君其罪大矣討而戮之君之義也抑人亦有言曰牽牛以蹊人之田而奪之牛牽牛以蹊者信有罪矣而奪之牛罰已重矣諸侯之從也曰討有罪也今縣陳貪其富也以討召諸侯而以貪歸之

無乃不可乎王曰善哉吾未之聞也反之可乎對曰可哉吾儕小人所謂取諸其懷而與之也乃復封陳鄉取一人焉以歸謂之夏州故書曰楚子入陳納公孫寧儀行父于陳書有禮也

○厲之役鄭伯逃歸自是楚未得志焉鄭既受盟于辰陵又徼事于晉

十有二年春葬陳靈公

楚子圍鄭

十二年春楚子圍鄭旬有七日鄭人卜行成不

辭命

兩唯命作波以裝布腹心之意最緊切然剩語絕工妙

吉卜臨于大宮且巷出車吉國人大臨守陴者皆哭楚子退師鄭人脩城進復圍之三月克之入自皇門至于逵路鄭伯肉袒牽羊以逆曰孤不天不能事君使君懷怒以及敝邑孤之罪也敢不唯命是聽其俘諸江南以實海濱亦唯命其翦以賜諸侯使臣妾之亦唯命若惠顧前好徼福於厲宣桓武不泯其社稷使改事君夷於九縣君之惠也孤之願也非所敢望也敢布腹心君實圖之左右曰不可許也得國無赦王曰

未渡河三論
敵兵機
失鄭避楚四

其君能下人必能信用其民矣庸可幾乎退三十里而許之平潘尪入盟子良出質

夏六月乙卯晉荀林父帥師及楚子戰于邲晉師敗績

夏六月晉師救鄭荀林父將中軍先縠佐之士會將上軍郤克佐之趙朔將下軍欒書佐之趙括趙嬰齊爲中軍大夫鞏朔韓穿爲上軍大夫荀首趙同爲下軍大夫韓厥爲司馬及河聞鄭既及楚平桓子欲還曰無及於鄭而勦民焉用

語簡而盡事情絕佳

量敵

美楚

排敘六件是左氏常調然亦稍有節奏不甚板

之楚歸而動不後隨武子曰善會聞用師觀釁而動德刑政事典禮不易不可敵也不爲是征楚軍討鄭怒其貳而哀其卑叛而伐之服而舍之德刑成矣伐叛刑也柔服德也二者立矣昔歲入陳今茲入鄭民不罷勞君無怨讟政有經矣荊尸而舉商農工賈不敗其業而卒乘輯睦事不奸矣蔿敖爲宰擇楚國之令典軍行右轅左追蓐前茅慮無中權後勁百官象物而動軍政不戒而備能用典矣其君之舉也內姓選於

德刑合叙

此節語略泛冗

仲虺語中原有兼弱二字此以作斷語覺未安

驕忽

親外姓選於舊舉不失德賞不失勞老有加惠旅有施舍君子小人物有服章貴有常尊賤有等威禮不逆矣德立刑行政成事時典從禮順若之何敵之見可而進知難而退軍之善政也兼弱攻昧武之善經也子姑整軍而經武乎猶有弱而昧者何必楚仲虺有言曰取亂侮亡兼弱也汋曰於鑠王師遵養時晦耆昧也武曰無競惟烈撫弱耆昧以務烈所可也彘子曰不可晉所以霸師武臣力也今失諸侯不可謂力有

句法

非夫也三字在今已陳

偏師濟二論

違命

坤爲衆坎不爲衆蓋師有畜衆之義二爲丈人初變則將權分故云衆散

如巳是倒句法即是如律意與內仁義行聲爲律同意爲九家坎爲律

敵而不從不可謂武由我失霸不如死且成師以出聞敵彊而退非夫也命爲軍帥而卒以非夫唯羣子能我弗爲也以中軍佐濟知莊子曰此師殆哉周易有之在師䷆之臨䷒曰師出以律否臧凶執事順成爲臧逆爲否衆散爲弱川壅爲澤有律以如巳也故曰律否臧且律竭也盈而以竭夭且不整所以凶也不行之謂臨有帥而不從臨孰甚焉此之謂矣果遇必敗彘子尸之雖免而歸必有大咎韓獻子謂桓子曰彘

子以偏師陷子罪大矣子爲元帥師不用命誰之罪也失屬亡師爲罪已重不如進也事之不捷惡有所分與其專罪六人同之不猶愈乎師遂濟楚子北師次於郔沈尹將中軍子重將左子反將右將飲馬於河而歸聞晉師旣濟王欲還嬖人伍參欲戰令尹孫叔敖弗欲曰昔歲入陳今茲入鄭不無事矣戰而不捷參之肉其足食乎參曰若事之捷孫叔爲無謀矣不捷參之肉將在晉軍可得食乎令尹南轅反旆伍參言

知縠

鄭使來五論

自信

料人 料楚

於王曰晉之從政者新未能行令其佐先縠剛愎不仁未肯用命其三帥者專行不獲聽而無上衆誰適從此行也晉師必敗且君而逃臣若社稷何王病之告令尹改乘轅而北之次于管以待之晉師在敖鄗之間鄭皇戌使如晉師曰鄭之從楚社稷之故也未有貳心楚師驟勝而驕其師老矣而不設備子擊之鄭師爲承楚師必敗彘子曰敗楚服鄭於此在矣必許之欒武子曰楚自克庸以來其君無日不討國人而訓

此章法自尚書變來流動中却自蒼渾蒼渾是古法流動是變法

之于民生之不易禍至之無日戒懼之不可以怠在軍無日不討軍實而申儆之于勝之不可保紂之百克而卒無後訓之以若敖蚡冒篳路藍縷以啟山林箴之曰民生在勤勤則不匱不可謂驕先大夫子犯有言曰師直為壯曲為老我則不德而徼怨于楚我曲楚直不可謂老其君之戎分為二廣廣有一卒卒偏之兩右廣初駕數及日中左則受之以至于昏內官序當其夜以待不虞不可謂無備子良鄭之良也師叔

測鄭
喜事
料趙
美欒
辭命精婉

楚之崇也師叔入盟子良在楚楚鄭親矣來勸我戰我克則來不克遂往以我卜也鄭不可從（脫句）趙括趙同曰率師以來唯敵是求克敵得屬又何俟必從彘子知季曰原屏咎之徒也趙莊子曰欒伯善哉實其言必長晉國楚少宰如晉師曰寡君少遭閔凶不能文聞二先君之出入此行也將鄭是訓定豈敢求罪于晉二三子無淹久隨季對曰昔平王命我先君文侯曰與鄭夾輔周室毋廢王命今鄭不率寡君使羣臣問諸

險峭之甚

事奇敘尤絕奇字〻精峭豈但如畫

筆端如畫不待言妙處乃

鄭豈敢辱候人敢拜君命之辱彘子以爲諂使趙括從而更之曰行人失辭寡君使羣臣遷大國之迹於鄭曰無辟敵羣臣無所逃命楚子又使求成于晉晉人許之盟有日矣楚許伯御樂伯攝叔爲右以致晉師許伯曰吾聞致師者御靡旌摩壘而還樂伯曰吾聞致師者左射以菆代御執轡御下兩馬掉鞅而還攝叔曰吾聞致師者右入壘折馘執俘而還皆行其所聞而復晉人逐之左右角之樂伯左射馬而右射人角

作語簡而險絕意態踴躍想見一時熱鬧光景

禮帖

逆社三論

不能進矢一而已麇與於前射麇麗龜晉鮑癸
當其後使攝叔奉麇獻焉曰以歲之非時獻禽
之未至敢膳諸從者鮑癸止之曰其左善射其
右有辭君子也既免晉魏錡求公族未得而怒
欲敗晉師請致師弗許請使許之遂往請戰而
還楚潘黨逐之及熒澤見六麇射一麇以顧獻
曰子有軍事獸人無乃不給於鮮敢獻於從者
叔黨命去之趙旃求卿未得且怒於失楚之致
師者請挑戰弗許請召盟許之與魏錡皆命而

按既免

慮狎

憤衆

平論設備

未交戰郤先擬不敗先濟點明亦是一斂法魏錡是先一日事楚王廣左廣則是次日日中

往郤獻子曰二憾往矣弗備必敗彘子曰鄭人勸戰弗敢從也楚人求成弗能好也師無成命多備何爲士季曰備之善若二子怒楚楚人乘我喪師無日矣不如備之楚之無惡除備而盟何損於好若以惡來有備不敗且雖諸侯相見軍衞不徹警也彘子不可士季使鞏朔韓穿帥七覆于敖前故上軍不敗趙嬰齊使其徒先具舟于河故敗而先濟潘黨既逐（接命去之）魏錡趙旃（接皆命而往）夜至於楚軍席於軍門之外使其徒入之楚子爲乘

趙旃既夜至不知次日前半日作何事直至日中後楚王始逐之又魏錡已陽夜晉人何以尚不知其所在而以軘車逆之皆可疑細玩止趙旃夜至一句縱脈絡唯此一句是前一日事其潘黨逐魏錡楚王逐趙旃皆在一時但略有前後潘黨既逐魏錡一句前接命去之後接王乘

廣三十乘分爲左右右廣雞鳴而駕日中而說左則受之日入而說許偃御右廣養由基爲右彭名御左廣屈蕩爲右乙卯王乘左廣以逐趙旃趙旃弃車而走林屈蕩搏之得其甲裳晉人懼二子之怒楚師也（接先具舟于河）使軘車逆之潘黨望其塵（接既逐魏錡）使騁而告曰晉師至矣楚人亦懼王之入晉軍（接逐趙旃）也遂出陳孫叔曰進之寧我薄人無人薄我（預後總論薄人）詩云元戎十乘以先啓行先人也軍志曰先人有奪人之心薄之也遂疾進師車馳卒奔乘晉軍

右廣如此看方於事情合

敗後晉論

全師

桓子不知所爲鼓於軍中曰先濟者有賞中軍下軍爭舟舟中之指可掬也晉師右移上軍未動工尹齊將右拒卒以逐下軍楚子使唐狡與蔡鳩居告唐惠侯曰不穀不德而貪以遇大敵不穀之罪也然楚不克君之羞也敢藉君靈以濟楚師使潘黨率游闕四十乘從唐侯以爲左拒以從上軍駒伯曰待諸乎隨季曰楚師方壯若萃於我吾師必盡不如收而去之分謗生民不亦可乎殿其卒而退不敗王見右廣將從之

後得其甲衆

事在一時，而分在各處，故次第分頭敘讀，畢而首尾了然，最是高手。

明日事即指事下，領述與前不敗先濟同法。

乘屈蕩尸之，曰：君以此始，亦必以終。自是楚之乘廣先左。晉人或以廣隊不能進，楚人惎之脫扃，少進，馬還，又惎之拔旆投衡，乃出。顧曰：吾不如大國之數奔也。（接數奔也）趙旃以其良馬二濟其兄與叔父，以他馬反，遇敵不能去，弃車而走林。（接弃車而走林）逢大夫與其二子乘，謂其二子無顧。顧曰：趙傁在後。怒之，使下，指木曰：尸女於是。授趙旃綏，以免。明日以表尸之，皆重獲在木下。（接逐下軍）楚熊負羈囚知罃。知莊子以其族反之，廚武子御，下軍之士多從

勝後楚之論

於誇

之每射抽矢菆納諸廚子之房廚子怒曰非子之求而蒲之愛董澤之蒲可勝既乎知季曰不以人子吾子其可得乎吾不可以苟射故也射連尹襄老獲之遂載其尸射公子穀臣囚之以二者還及昏楚師軍於邲晉之餘師不能軍宵濟亦終夜有聲丙辰楚重至於邲遂次于衡雍潘黨曰君盍築武軍而收晉尸以為京觀臣聞克敵必示子孫以無忘武功楚子曰非爾所知也夫文止戈為武武王克商作頌曰載戢干戈

按取屍先左

按以二者還

按楚師軍于邲

謳遐

敘七事文法亦稍變換

載櫜弓矢我求懿德肆于時夏允王保之又作
武其卒章曰耆定爾功其三曰鋪時繹思我徂
惟求定其六曰綏萬邦屢豐年夫武禁暴戢兵
保大定功安民和衆豐財者也故使子孫無忘
其章今我使二國暴骨暴矣觀兵以威諸侯兵
不戢矣暴而不戢安能保大猶有晉在焉得定
功所違民欲猶多民何安焉無德而强爭諸侯
何以和衆利人之幾而安人之亂以爲己榮何
以豐財武有七德我無一焉何以示子孫其爲

敘句收有致

先君宮告成事而已武非吾功也古者明王伐不敬取其鯨鯢而封之以爲大戮於是乎有京觀以懲淫慝今罪無所而民皆盡忠以死君命又可以爲京觀乎祀于河作先君宮告成事而還是役也鄭石制實入楚師將以分鄭而立公子魚臣辛未鄭殺僕叔及子服君子曰史佚所謂毋怙亂者謂是類也詩曰亂離瘼矣爰其適歸歸於怙亂者也夫鄭伯許男如楚秋晉師歸桓子請死晉侯欲許之士貞子諫曰不可城濮

之役晉師三日穀文公猶有憂色左右曰有喜而憂如有憂而喜乎公曰得臣猶在憂未歇也困獸猶鬬況國相乎及楚殺子玉公喜而後可知也曰莫余毒也已是晉再克而楚再敗也楚是以再世不競今天或者大警晉也而又殺林父以重楚勝其無乃久不競乎林父之事君也進思盡忠退思補過社稷之衛也若之何殺之夫其敗也如日月之食焉何損於明晉侯使復其位

以隱語寄問

秋七月

冬十有二月戊寅楚子滅蕭

冬楚子伐蕭宋華椒以蔡人救蕭蕭人囚熊相宜僚及公子丙王曰勿殺吾退蕭人殺之王怒遂圍蕭蕭潰申公巫臣曰師人多寒王巡三軍拊而勉之三軍之士皆如挾纊遂傅於蕭還無社與司馬卯言號申叔展叔展曰有麥麴乎曰無有山鞠窮乎曰無河魚腹疾柰何曰目於眢井而拯之若爲茅絰哭井則己明日蕭潰申叔

視其井則茅絰存焉號而出之

晉人宋人衛人曹人同盟于清丘

晉原縠宋華椒衛孔達曹人同盟于清丘曰恤病討貳於是卿不書不實其言也

宋師伐陳衛人救陳

宋爲盟故伐陳衛人救之孔達曰先君有約言焉若大國討我則死之

十有三年春齊師伐莒

十三年春齊師伐莒莒恃晉而不事齊故也

夏楚子伐宋

夏楚子伐宋以其救蕭也君子曰清丘之盟唯宋可以免焉

秋螽

○秋赤狄伐晉及淸先縠召之也

冬晉殺其大夫先縠

冬晉人討邲之敗與清之師歸罪於先縠而殺之盡滅其族君子曰惡之來也已則取之其先縠之謂乎

○清丘之盟晉以衛之救陳也討焉使人弗去曰罪無所歸將加而師孔達曰苟利社稷請以我說罪我之由我則爲政而亢大國之討將以誰任我則死之

十有四年春衛殺其大夫孔達

十四年春孔達縊而死衛人以說于晉而免遂告于諸侯曰寡君有不令之臣達構我敝邑于大國既伏其罪矣敢告衛人以爲成勞復室其子使復其位

夏五月壬申曹伯壽卒

晉侯伐鄭

夏晉侯伐鄭爲郔故也告於諸侯蒐焉而還中行桓子之謀也曰示之以整使謀而來鄭人懼使子張代子良于楚鄭伯如楚謀晉故也鄭以子良爲有禮故召之

秋九月楚子圍宋

楚子使申舟聘于齊曰無假道于宋亦使公子馮聘于晉不假道于鄭申舟以孟諸之役惡宋

奇敘奇事與
而敘

曰鄭昭宋聾晉使不害我則必死王曰殺女我伐之見犀而行及宋宋人止之華元曰過我而不假道鄙我也鄙我亡也殺其使者必伐我伐我亦亡也亡一也乃殺之楚子聞之投袂而起屨及於窒皇劍及於寢門之外車及於蒲胥之市秋九月楚子圍宋

葬曹文公

冬公孫歸父會齊侯于穀

冬公孫歸父會齊侯于穀見晏桓子與之言魯

樂桓子告高宣子曰子家其亡乎懷於魯矣懷必貪貪必謀人謀人人亦謀己一國謀之何以不亡

○孟獻子言於公曰臣聞小國之免於大國也聘而獻物於是有庭實旅百朝而獻功於是有容貌采章嘉淑而有加貨謀其不免也誅而薦賄則無及也今楚在宋君其圖之公說

十有五年春公孫歸父會楚子于宋

十五年春公孫歸父會楚子于宋

夏五月宋人及楚人平

宋人使樂嬰齊告急于晉晉侯欲救之伯宗曰不可古人有言曰雖鞭之長不及馬腹天方授楚未可與爭雖晉之彊能違天乎諺曰高下在心川澤納汙山藪藏疾瑾瑜匿瑕國君含垢天之道也君其待之乃止使解揚如宋使無降楚曰晉師悉起將至矣鄭人囚而獻諸楚楚人厚賂之使反其言不許三而許之登諸樓車使呼宋人而告之遂致其君命楚子將殺之使與之

轉折儘有致第多四字句遂覺方而不流動

言曰爾旣許不穀而反之何故非我無信女則棄之速即爾刑對曰臣聞之君能制命爲義臣能承命爲信信載義而行之爲利謀不失利以衛社稷民之主也義無二信信無二命君之賂臣不知命也受命以出有死無霣又可賂乎臣之許君以成命也死而成命臣之祿也寡君有信臣下臣獲考死又何求楚子舍之以歸夏五月楚師將去宋申犀稽首於王之馬前曰毋畏知死而不敢廢王命王棄言焉王不能荅申叔

時僕曰築室反耕者宋必聽命從之宋人懼使華元夜入楚師登子反之牀起之曰寡君使元以病告曰敝邑易子而食析骸以爨雖然城下之盟有以國斃不能從也去我三十里唯命是聽子反懼與之盟而告王退三十里宋及楚平華元爲質盟曰我無爾詐爾無我虞

六月癸卯晉師滅赤狄潞氏以潞子嬰兒歸

潞子嬰兒之夫人晉景公之姊也酆舒爲政而殺之又傷潞子之目晉侯將伐之諸大夫皆曰

四層意甚有節奏自申說一遍更有味

不可酆舒有三儁才不如待後之人伯宗曰必伐之狄有五罪儁才雖多何補焉不祀一也耆酒二也弃仲章而奪黎氏地三也虐我伯姬四也傷其君目五也怙其儁才而不以茂德茲益罪也後之人或者將敬奉德義以事神人而申固其命若之何待之不討有罪曰將待後後有辭而討焉毋乃不可乎夫恃才與衆亡之道也商紂由之故滅天反時爲災地反物爲妖民反德爲亂亂則妖災生故文反正爲乏盡在狄矣

晉侯從之六月癸卯晉荀林父敗赤狄于曲梁
辛亥滅潞酆舒奔衛衛人歸諸晉晉人殺之
秦人伐晉
王札子殺召伯毛伯
王孫蘇與召氏毛氏爭政使王子捷殺召戴公
及毛伯衛卒立召襄
秋螽
仲孫蔑會齊高固于無婁
○秋七月秦桓公伐晉次于輔氏壬午晉侯治兵

于稷以畧狄土立黎侯而還及雒魏顆敗秦師
于輔氏獲杜回秦之力人也初魏武子有嬖妾
無子武子疾命顆曰必嫁是疾病則曰必以爲
殉及卒顆嫁之曰疾病則亂吾從其治也及輔
氏之役顆見老人結草以亢杜回杜回躓而顛
故獲之夜夢之曰余而所嫁婦人之父也爾用
先人之治命余是以報
○晉侯賞桓子狄臣千室亦賞士伯以瓜衍之縣
曰吾獲狄土子之功也微子吾喪伯氏矣羊舌

簡有態

君[illegible]不信

職說是賞也曰周書所謂庸庸祇祇者謂此物也夫士伯庸中行伯君信之亦庸士伯此之謂明德矣文王所以造周不是過也故詩曰陳錫載周能始也率是道也其何不濟

○晉侯使趙同獻狄俘于周不敬劉康公曰不及十年原叔必有大咎天奪之魄矣

初稅畝

初稅畝非禮也穀出不過藉以豐財也

冬蝝生 饑

冬蝝生饑幸之也

十有六年春王正月晉人滅赤狄甲氏及留吁

十六年春晉士會帥師滅赤狄甲氏及留吁鐸辰三月獻狄俘晉侯請于王戊申以黻冕命士會將中軍且爲大傅於是晉國之盜逃奔于秦羊舌職曰吾聞之禹稱善人不善人遠此之謂也夫詩曰戰戰兢兢如臨深淵如履薄氷善人在上也善人在上則國無幸民諺曰民之多幸國之不幸也是無善人之謂也

夏成周宣榭火

夏成周宣榭火人火之也凡火人火曰火天火曰災

秋郯伯姬來歸

秋郯伯姬來歸出也

冬大有年

○爲毛召之難故王室復亂王孫蘇奔晉晉人復之冬晉侯使士會平王室定王享之原襄公相禮殽烝武子私問其故王聞之召武子曰季氏

而弗聞乎王享有體薦宴有折俎公當享卿當宴王室之禮也武子歸而講求典禮以脩晉國之法

十有七年春王正月庚子許男錫我卒

丁未蔡侯申卒

○十七年春晉侯使郤克徵會于齊齊頃公帷婦人使觀之郤子登婦人笑於房獻子怒出而誓曰所不此報無能涉河獻子先歸使欒京廬待命于齊曰不得齊事無復命矣郤子至請伐齊

晉侯弗許請以其私屬又弗許齊侯使高固晏
弱蔡朝南郭偃會及歛盂高固逃歸
夏葬許昭公
葬蔡文公
六月癸卯日有食之
己未公會晉侯衞侯曹伯邾子同盟于斷道
夏會于斷道討貳也盟于卷楚辭齊人晉人執
晏弱于野王執蔡朝于原執南郭偃于温苗賁
皇使見晏桓子歸言於晉侯曰夫晏子何罪昔

亦有勢

者諸侯事我先君皆如不逮舉言羣臣不信諸侯皆有貳志齊君恐不得禮故不出而使四子來左右或沮之曰君不出必執吾使故高子及斂盂而逃夫三子者曰若絕君好寧歸死焉爲是犯難而來吾若善逆彼以懷來者吾又執之以信齊沮吾不既過矣乎過而不改而又久之以成其悔何利之有焉使反者得辭而害來者以懼諸侯將焉用之晉人緩之逸

秋公至自會

○秋八月晉師還范武子將老召文子曰燮乎吾聞之喜怒以類者鮮易者實多詩曰君子如怒亂庶遄沮君子如祉亂庶遄已君子之喜怒以已亂也弗已者必益之郤子其或者欲已亂於齊乎不然余懼其益之也余將老使郤子逞其志庶有豸乎爾從二三子唯敬乃請老郤獻子爲政

冬十有一月壬午公弟叔肸卒

冬公弟叔肸卒公母弟也凡大子之母弟公在

曰公子不在曰弟凡稱弟皆母弟也

十有八年春晉侯衞世子臧伐齊

十八年春晉侯衞大子臧伐齊至于陽穀齊侯會晉侯盟于繒以公子彊爲質于晉晉師還蔡朝南郭偃逃歸

公伐杞

夏四月

○夏公使如楚乞師欲以伐齊

秋七月邾人戕鄫子于鄫

秋邾人戕鄫子于鄫凡自虐其君曰弑自外曰
戕

甲戌楚子旅卒

楚莊王卒楚師不出既而用晉師楚於是乎有
蜀之役

公孫歸父如晉　冬十月壬戌公薨于路寢　歸
父還自晉至笙遂奔齊

公孫歸父以襄仲之立公也有寵欲去三桓以
張公室與公謀而聘于晉欲以晉人去之冬公

薨季文子言於朝曰使我殺適立庶以失大援者仲也夫臧宣叔怒曰當其時不能治也後之人何罪子欲去之許請去之遂逐東門氏子家還及笙壇帷復命於介旣復命袒括髮卽位哭三踊而出遂奔齊書曰歸父還自晉善之也

萬曆丙辰夏吳興閔齊華

閔齊伋閔象泰分次經傳